人類が目覚め、
「ティールの時代」が来る

Existential

実存的変容

Trans
formation

天外伺朗

内外出版社

無意識に巣くうモンスターたち

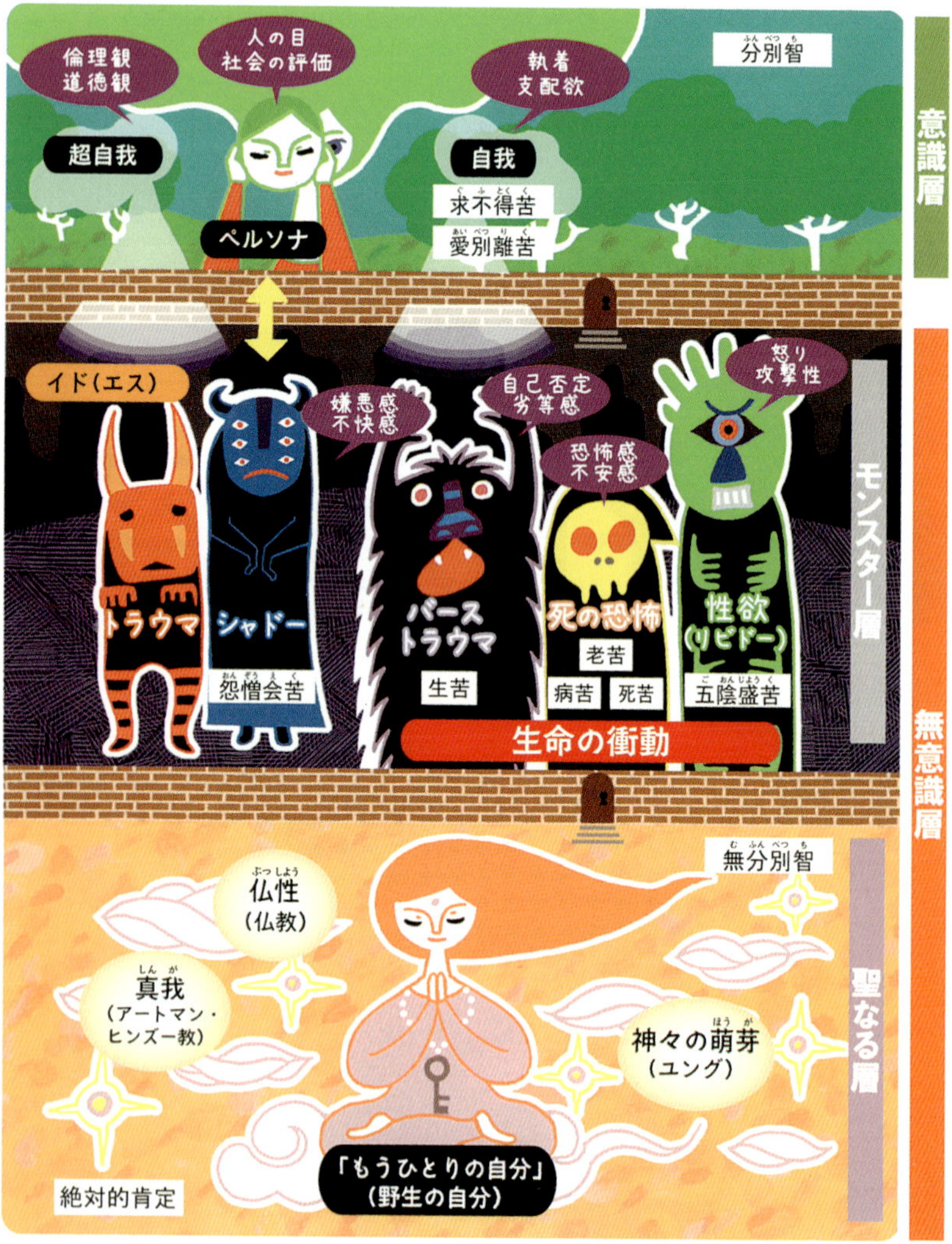

天外伺朗著『運力』（祥伝社）より（一部改訂）

巻頭言 1

ティール組織への旅路を始めるすべての人に届けたい

嘉村賢州

F・ラルー『ティール組織』(英治出版)は2018年1月に発売後7万部を超える部数を発行し、「HRアワード 2018」優秀賞、「ビジネス書大賞2019」経営者賞を獲得するなど非常に注目を集めています。世界においても2014年に自費出版で発行された原著『Reinventing Organizations』はプロモーション活動を行っていないにも関わらず40万部を超え、様々な言語で翻訳がされています。組織論の本としては異例の広がりを見せています。

これらの広がりは日本社会に希望の灯をともし始めている反面、急速な広がりは表層的な理解や誤解を生み出しているのも事実です。「フラットな組織＝ティール組織」という短絡的な理解から、急に階層構造を壊し、カオスとともに機能不全に陥った組織もあります。またティール化するための3年計画を作り、機械的に計画を進めようとしたために組織内の反発や分断を招いた組織もあります。そこには大切にしたいいくつかの視点が抜け落ちているからと私は考えます。

ひとつ目は「10社あれば10社違う組織形態と発展プロセスとなる」です。オレンジ組織においては「再現可能性」という名のもと、同じような評価制度、組織構造、採用プロセス、変革プロセスなどがみられます。しかし個人がいくら憧れの人を目指そうと思っても、その人の人生は歩めないように、組織は一つひとつ違うのです。私はティール組織に対して「植物の時代に動物だ」と言っているようなものと説明しています。牛の形になるように生まれてきた組織が鳥のような組織を目指してもうまくいくはずはありません。一つひとつの組織が組織の声に耳を澄ませ、オリジナルの組織を目指していかなければなりません。その時にこの本に書かれているメンタルモデルごとの「ティール組織」の形態は良い指針になってくれるのではないかと思います。

ふたつ目は「一時期現れるカオスを乗り越え、別次元のクオリティを目指す」です。よく経営者に「どうやって今までやっていたクオリティを失わずに新しい組織に変容できるのですか?」という質問をもらいます。じつはその考え方を手放すことが重要です。個々人が内発的に動く、生命体的に流動的な組織が実現すれば、別次元のクオリティが生まれてくることになります。私はこの本を読んで、その変化がまさに天外さんがいう「葛藤によるエネルギー」から「真我によるエネルギー」への変化なのだと腑に落ちた気がしました。

最後は「組織の進化の旅は経営者の変容の旅から始まる」です。F・ラルーは配信している映像の中で「ティール組織への旅を始める時には、まずは経営者が自身について半年から1年の内省のプロセスを歩むのが大事だ」と語っています。自分が変わるという取り組みをせずに部下や人事の担当者にティール組織化を任せているようでは変容を生み出すことは難しいというのです。残念ながらその内省における方法論は『ティール組織』の本の中には多くの記述はありません。

今回の天外さんの本は、これらの要素に大きな指針と具体的な方法論を提供してくれています。より多くの経営者が一歩踏み出し、一人ひとりが輝く新しいステージの未来が日本に広がっていく事を楽しみにしています。

（東京工業大学リーダーシップ教育院 特任准教授／場づくりの専門集団NPO法人 場とつながりラボ home's vi 代表理事／『ティール組織』（英治出版）解説者）

巻頭言 2

私の「実存的変容」

武井浩三

本書の著者である天外伺朗氏と私とのお付き合いは5年ほどになる。2014年に彼の主催する経営塾とも人生塾とも表現しにくい「天外塾」に参加をさせていただいたことがきっかけだ。起業当初から彼の著書『非常識経営の夜明け』や『経営者の運力』を好んで読んでおり、いつかお会いできたらなぁぐらいに思っていた。その他大勢の塾参加者と同じように、私も天外氏のメルマガを購読する中で塾の存在を知り参加するに至った。

なんら変哲もない経緯であるが、天外氏から得た学びは、私の人生に重心ともいえる何かを与えてくれたように思う。それぐらい大きい。

「良い悪いをジャッジしない」

「自分を俯瞰する自分を育てる」
「只管打坐（ただ坐る）」
「明け渡し」
「宇宙の流れに身を委ねる」
「起きている事象をただただ味わう」

特に私の印象に残っているのは前述のような言葉たちだ。本書にも頻出している。これらの言葉は、いまだに私の背中を支えてくれている。

「実在的変容」の概念については彼の過去の著書等でも述べられており、「擬似的な死」として私も認識していた。私自身、２００７年に最初の起業を失敗して会社を畳んだ際に、とてつもない精神的な痛みと苦悩とともに、自分のアイデンティティが一度死に、新しい人格のようなものが生まれてくるという経験をした。天外氏曰く、これも「実在的変容」であるとのこと。

そして何のイタズラか分からないが、この巻頭言を書いている今この瞬間に、私自身が12

年前と同じくらい大きな「実在的変容」に向かい合っている。本書では「直面期」と呼ばれている。

天外氏のいう通り私のメンタルモデルは「ひとりぼっち」でしょう。統合に向かうために日々研鑽努力しているつもりでも、こんなにも大きな直面期がまだ来るのかと戸惑いました。この3か月間ほどは、まともに夜も眠れず、食事も喉を通らず、自分のアイデンティティが死んでいくのを、ただただ味わっておりました。つい数日前に、一度死んだ自分と新たに生まれてくる自分が入れ替わったように感じます。

詳細はここでは省かせていただきますが、仕事とプライベートと両面で起きた想定外の事象や登場人物たちに、不思議と恨みやつらみは一切ありません。それはかねてより天外氏から「明け渡し、そして宇宙の流れに身を委ねる」との教えを受けていたからだと思います。ただし12年ぶりのこの精神的な痛みは、頭では理解していても、受けとめ味わい切るのは本当にしんどいですが（笑）。

これから私自身の人生がどのようなご縁の中でどのように流れていくのか、私にも甚だよく分かりませんが、淀みのない心で受けとめ味わい尽くすことを心がけてゆきたいと思っております。

私は精神的に辛く、誰かに相談することも難しいような状況に陥る度に、天外氏の著書を開いてきました。心が軽くなるヒントが、いつもそこにあるからです。

本書が読者の皆様にとっても心を救う、少なくとも少しでも軽くしてくれるような一冊であることを心からお祈りしております。ありがとうございます。

（ダイヤモンドメディア株式会社創業者／一般社団法人 自然経営研究会 代表理事）

巻頭言 3

なぜ今、集合的な「実存的変容」が急務なのか

由佐美加子

ある環境活動家が言いました。「自分は人生をかけて世の中に環境問題を訴え続けてきた。でも、現実は何も変わらなかった。真の問題は人間の欲や利己主義にある――」。

私はこの言葉から、今、本質的に何が必要なのか、を考えます。17年間、人と組織の直面する様々な現実を扱ってきて、「あらゆる現実の根本的な変化は人の意識の変化からしか起こり得ない」、これが自分の行きついた真理だからです。

気候変動、難民問題、貧困問題、社会の中枢システムの限界を地球規模で迎えているこの時代に本当に必要なのは、人間という種の存在そのものの、この地球における進化なのだと思います。

人間にはエゴという個として分離した肉体的な生命の維持を図ろうとする、自己生存のために環境を最適化しようとする大切な機能があります。このエゴは死を恐れ、自分と同一化

したもの（家族、会社、国など）を痛みや死から守ろうと怖れに駆り立てられて機能しています。これまでの人間社会を牽引してきたのはこの機能でした。一方で、人間にはこの分離した個としての自己生存を図るエゴだけではなく、自分以外の生命が宿った存在を美しいと感じる感性を持ち、そのウェルビーイングに貢献したいという全体性の意識もあります。この意識は「愛」という風にも呼ばれるものです。人間の意識の進化とはこの幅の中にあるもので、怖れか愛かのどちらか、ではなくこの双方が統合されていることが人間という存在の進化ではないかという仮説を私は持っています。

２０１８年に組織開発という領域で、ティールという新たな組織の概念が打ち出された翻訳本が日本で出版され、興味を持つ方々が急速に増えました。これまでのヒエラルキー組織の弊害、組織は本当に人や社会の幸せをもたらしているのか、という疑念など、多くの人が抱えてきた違和感や課題感に対して、この生命体的組織といわれるティールはひとつの方向性を示しました。

では、このティール型の組織に現状の組織から進化していくには、一体どうしたらいいのかという問いになるわけですが、「それには個人の意識変容が必要だ」、という見解にこの理論を知る方で異論を唱える人はいないのではないかと思います。

では、その個人の意識変容、と呼ばれるものは、一体どうしたら実際にもたらせるのか、という話になるわけですが、私はこのテーマに真っ向から向き合っている方はとても稀少だと思っています。なぜなら、それは他ならぬ自分自身の闇や痛みを扱うことなくして、不可能だからです。

天外伺朗さんはその意味で、ご自身の人生で何十年もかけてずっと研究されてきた、日本で稀有な長老的な存在です。ご自身の主催する天外塾の塾生の方々に向き合い、この「実存的変容」をもたらすためにずっと様々なアプローチを試行錯誤されてきている実践者でもあります。

その長年の蓄積された知識と体験に根ざした本書は、医療、経営、教育という様々な領域に進化をもたらそうとしている天外さんのライフワークの結晶だと思います。この本を手に取られた皆さんに様々な気づきがもたらされ、この集合的な意識の進化の流れが、ここからさらに多くの人を巻き込んで、育まれていくことを願ってやみません。

（合同会社Co-Creation Creators(CCC)代表／『ザ・メンタルモデル』（内外出版社）著者）

まえがき

本書の基本的なメッセージは「人類はいま、まさに目覚めようとしており、新しい時代が到来しつつある」という内容です。

日本は過去に、明治維新と第二次世界大戦の敗戦後と、きわめて大きなふたつのパラダイムシフトを経験してきました。明治維新は産業革命で強力な軍事力を身につけた列強の激しい侵略圧力のもと、また敗戦後はＧＨＱによる強制的な改革であり、いずれの変容も外部要因でした。

いま、私たちが直面している社会の大変容は、何ら外部要因はありません。にもかかわらず、おそらく明治維新や敗戦に劣らぬ大きなパラダイムシフトになりそうです。

外部要因でなければ、内部要因ということになります。その内部要因は一体何でしょうか？　またどうして大きなパラダイムシフトだと予想されるのでしょうか？

日本における明治維新や敗戦は、世界的に見れば特殊な例であり、一般に社会の進化は人類の意識の成長・進化にドライブされます。それが内部要因です。

ここで、多くの学者（注：ケン・ウィルバー、クレア・グレイブス、フレデリック・ラルー、ジャン・ピアジェなど）に支持されているひとつの仮説があります。

仮説：はるかに長い時間をかけた人類の意識の進化・発達と、ひとりの人間が生まれてから死ぬまでの意識の成長・発達は、まったく同じ段階構造をたどる。

人間の意識の進化・成長・発達が、なめらかで連続的なのではなく、ちょうど階段を上がるように段階から段階へとステップアップしていく、というのは読者にとってもあまり違和感はないでしょう。

しかしながら、赤ちゃんが大人になっていく意識の発達と、マンモスを追っていたころからの意識の歴史的な進化が、同じ階層構造をたどるというのは、ちょっと突飛に感じられたかもしれません。これは厳密な検証は困難ですが、驚くほどの類似点があることは確かですので、本書ではこの仮説にのっとって議論を展開します。

個人の意識の成長・発達は、キリストや仏陀のようにかなり先まで行っている例もあり、発達心理学、自我心理学や宗教の教義を参考にすれば、その段階構造は生まれた直後から仏教でいう「悟り」の境地まで推定することができます（ただし、悟りに近づくと記述している本人が未経験なため、多少あやふやになってきます）。

個人の段階構造がわかれば、上記の仮説により社会も同じ段階構造にのっとって進化するということになります。つまり、将来の社会の進化や、パラダイムシフトの様子を手に取るように記述することができます。

戦後の企業経営の歴史を詳しく観察すると、「家父長型大家族主義経営」から「人間性尊重型大家族経営」に大きくシフトしております（西泰宏、天外伺朗著『人間性尊重型大家族主義経営』、内外出版社）。

会社が徹底的に社員の面倒を見る代わりに滅私奉公を要求する経営から、独立した個人の自主性が尊重されるオープンな経営への変容です。これは、その間に日本人の大多数が、「依存」を脱却して独立した自我を獲得していった、つまり、人々が意識の段階構造を一段上がった結果、企業経営がシフトしてきた、ということです。

しかしながら、これはほとんどの人が気づかないくらいの緩やかな変容でした。それは、意識の段階構造のステップがそれほど大きくはなかったためです。

いま、私たちが直面している社会の大変革は、本書のサブタイトルで「人類の目覚め」と記述したように大きなものになると思われます。それは、意識の階層構造がそこだけ大きなステップになっているからです。本書では、この意識の変容を「実存的変容（Existential Transformation）」という深層心理学の用語で記述します。

個人の意識の成長・発達に関しては、多くの研究者が様々な階層構造を提唱しておりますが、この「実存的変容」に相当するステップが極めて大きいことは、一様に述べられています（注）。

この大きな変容を、企業経営の分野でいち早く発見したのがF・ラルーであり、２０１８年に刊行された『ティール組織』はベストセラーになりました。

注：F・ラルー『ティール組織』（英治出版）では、「グリーン」から「ティール」への変容、そのベースになったスパイラル・ダイナミクスでは、「ティア1：生存のレベル」から「ティア2：存在のレベル」へ、K・ウィルバーの初期のモデル（K・W2）では、「後期自我」から「成熟した自我」へ、R・キーガンの成人の発達モデルでは、発達段階4（自己主導段階）、発達段階5（自己受容・相互発達段階）へ、ユング心理学では「シャドーの統合」……など）

本書のサブタイトルで、この変容による新しい時代を「ティールの時代」と呼んだのは、F・ラルーに対する敬意の表れです。

『ティール組織』では、太古の昔からの人類の組織の営みを分析して階層的な進化の構造を提案し、その頂点に、「ティール（青緑色）」と呼ぶ、上下関係のない生命体的な組織形態が姿を現してきた、という内容です（1章で概説します）。

英語の原題は「Reinventing Organizations（組織を再発明する）」であり、サブタイトルは「A Guide to Creating Organizations Inspired by the Next Stage of Human Consciousness（人類の次のステージの意識レベルに触発された組織開発のガイド）」となっています。

つまり、組織の進化は人類の意識の進化に支えられてきたということ、そしていま、正に人類全体が意識の新しいステージに突入しつつあるために「ティール」と彼が呼んだ新しい組織形態が出現してきた、という主張なのです。

じつは、この本のベースにクレア・グレイブスによる「スパイラル・ダイナミクス」と呼ばれる、個人の意識の発達に関する階層構造の提案があります。各階層を色で表現するというアイデアは、F・ラルーは「スパイラル・ダイナミクス」からいただいています（ただし、色は必ずしも一対一に対応してはおりません）。

本書では、F・ラルーが意識の新しいステージと呼んだ個人の意識の変容を、より詳しく、わかりやすく解き明かします。この意識のレベルを、F・ラルーは組織と同じ「ティール」という名前で呼んでいます。個人の変容が組織の進化につながるので、この表現はまったく正しいのですが、個人の意識の変容と組織の進化の呼び名を区別していないので、混乱された方もいらっしゃるかもしれません。

一般には「分離から統合へ」という表現がよく使われています。「統合」というと仏教でいう「悟り」に近い印象を受けますが、「悟り（究竟涅槃《くきょうねはん》）」に比べるとはるかに手前の段階です（仏教で「小悟」、「見性」などと表現している内容に近いかもしれません）。

「悟り」に比べるとはるかに手前なのですが、それでも癌患者が「実存的変容」を体験すると癌が自然退縮したり（2章）、「ティール組織」ではなく、「オレンジ」か「グリーン」の組織運営をしていても、名経営者といわれるような人は、ほとんど「実存的変容」を超えています。また、私が15年前から提唱している「フロー経営」も、この「実存的変容」によりごく自然に実施できます。

つまり、一般の人の人生にとっては、きわめて大きな変容をもたらすといえましょう。それを本書では「目覚め」と呼んでいるのです。

1章では、ほとんどが組織の進化の記述に費やされているF・ラルー『ティール組織』の中から、個人の「実存的変容」に関する記述を、12のショート・センテンスとして抜き出して引用し、それに対する解説を述べています。この、個人としての意識の成長・発達が理解できないと『ティール組織』はなかなか読み解けないでしょう。

2章では、患者が「実存的変容」を起こすと癌が自然治癒する、という池見酉次郎医師（1915―1999）の発見から、天外が「ホロトロピック」と名付けた医療改革に取り組むようになっていった経緯。さらには、ソニーの凋落がチクセントミハイの「フロー理論」で読み解けたことから、「フロー経営」をお伝えする「天外塾」を始めたら、こちらも経営者の「実存的変容」をお手伝いする方向へ導かれた不思議な経緯を述べています。

医療改革で医療者の「実存的変容」をサポートするため、ハワイで隠とん生活を送っておられた伝説のセラピスト、吉福伸逸さん（1943―2013）を引っ張り出して、数日間のワークショップを毎年2回6年間にわたって開催していただきました。その時学んだ人間の深層心理の基礎が、はからずも「天外塾」で生きることになりました。

3章では、世の中にすでに定着している、深層心理学の視点から「実存的変容」を読み解きます。ただし、深層心理学が「シャドー(広義)」と呼んだ概念を、「無意識に潜むモンスター」と定義しなおし、視覚的なイメージを含めて把握しやすくしたところが天外の工夫です。

一般に、あらゆる戦争、紛争の根っこには「シャドーの投影」があることはよく知られていますが、じつは、富、名誉、地位、マイホームなどを目指した戦い、目標をしゃにむに達成しようとして努力するエネルギー源も「シャドー」です。「理想の異性像」を相手に投影して、激しく燃え上がる恋愛も、「シャドー」の分離が原因です(「元型の投影」と呼びます)。

このモンスター(シャドー)の支配から逃れて自由になることが「実存的変容」ですが、「モンスターのエネルギー」の代わりに「真我のエネルギー」が使えるようになります。「真我のエネルギー」の基本特性は、「無条件の愛」です。

3章以降、随所でF・ラルーの言葉を引用し、『ティール組織』との関連を示していきます。

4章では、私たちがオギャアと生まれて「実存的変容」に至る意識の成長・発達の道程を、K・ウィルバーの初期のモデル(K・WⅡ)から読み解きます(ただし、自我のレベルに限ると、K・ウィルバーの説というよりは、古典的深層心理学そのものです)。

このモデル（K・WⅡ）は、自我を超えるレベルになると実態には合わないという批判があり、K・ウィルバーはその後、12の領域にわけて、それぞれが独立に発達する、というモデルに主張を変えました。天外は、それをさらに発展させ、OSに相当する「主軸的発達段階」と、アプリに相当する、チャネリング能力や法力などの個別の能力を区別し、「主軸的発達段階」に対してK・WⅡを適用しました。

いまの社会では、多くの人が「実存的変容」の直前までは行けるのですが、なかなかそれを超えられません。その理由も解説します。

私たちは生まれると母親との大切な絆である「へその緒」を断ち切られてしまいますが、これが、最初の「分離」です。その後、一体感を保っていた「世界」との「分離」、身体とは「分離」した自我の獲得を経て「ペルソナ（こうあるべきだと自分で規定した姿）」と「シャドー（こうあってはいけないと否定し、抑圧した衝動や部分人格）」が分離します。ここまでは、次々と「分離のプロセス」を経て意識は成長・発達していきます。

それが初めて「統合のプロセス」に反転するのが「実存的変容」であり、「ペルソナ」と「シャドー」が統合します。これ以降「統合のプロセス」を次々に繰り返して、最終的には全宇宙との統合を果たす、と宗教では説いています（本書では後半の記述を省略）。

創業期のソニーの大躍進を支えたのは、**「自尊心が強く、性格も鋭角的だが、仕事には抜群の手腕を発揮する切れ者タイプ」**が「実存的変容」を遂げた上司のもとで思い切り力を発揮したからです。それを2章では**「フロー経営」**と呼びました。

彼らは物事を鋭く見抜く力を持っているので、凡庸な管理型上司の下では『不良社員』と化します。そのことから、ソニーでは彼らを、敬意を込めて「不良社員」と呼んでいます（天外伺朗著『人材は不良社員からさがせ』講談社）。

5章では、「不良社員」の実例のほか、アップルのスティーブ・ジョブズのように「不良社員」がそのままリーダーシップを取った「不良社員マネジメント」について、深く探求しております。この場合でも、チームは「フロー」に入ることが多く、「フロー経営」にとって上司の「実存的変容」は必ずしも必須ではないことがわかりました。

ソニーにおける例では、「不良社員マネジメント―不良社員」の組織は、「義理人情」と「共依存」の「親分・子分」の関係が濃厚でした。

戦後の日本経済の奇跡の復興を支えた中心勢力は、「親分・子分」の関係が強い「家父長型大家族主義経営」だったと思われます（西泰宏、天外伺朗著『人間性尊重型大家族主義経営』内外出版社)。これは、やくざ組織のメンタリティーと同じです。

F・ラルー『ティール組織』では、ギャングは恐怖による支配で「レッド」に分類しています。しかしながら日本のやくざは、恐怖の支配というよりは、「義理・人情」と「共依存」の「親分・子分」の組織であり、「アンバー」に分類すべきでしょう。このことから、F・ラルーの「ティール組織」の階層構造の定義を見直しました。


6章では、「天外塾」が経営塾から塾生の「実存的変容」をサポートする方向に進化したこと。そのときに、様々な瞑想ワークが開発されていった経緯などをお話しします。

「実存的変容」のサポートそのものは、医療者のための吉福ワークで、ひと通りは把握しておりました。しかしながら、吉福ワークの方法論は使えません。なぜかというと、セラピストが強引にこじ開ける方式のため、短期間に大きな変容が期待できる反面、クライアントのダメージも大きいからです。経営者の場合には、業務に支障が出るでしょう。

そこで、1カ月間毎朝・毎晩瞑想をして、誰の助けも借りずに自ら少しずつ変容していく瞑想法をいくつか開発しました。

さらに、自分を客観的に眺める「メタ認知」を獲得するための「鳥の瞑想」に関して詳しく述べています。「メタ認知」というのも、「実存的変容」のための大切な要素のひとつです。

7章では、由佐美加子が提唱する「メンタルモデル」という、人間の深層心理の構造仮説について述べます。モンスターという概念は、広義のシャドーを発生要因から眺めており、際限なくたくさんいるのに対して（3章）、メンタルモデルはそれを現象面から眺めており、わずか4つに収束するので、とても扱いやすくなります。

人間はどうやら、4つのメンタルモデルのどれかひとつを生まれながらに抱えており、それがとても否定的で「痛み」を想起させる信念体系なため、それから逃れようと「回避行動」に走る、という形で人生が進行していくようです。「回避行動」の結果、社会的に成功することもありますが、それでもメンタルモデルがなくなるわけではなく、相変わらず「怖れと不安」に満ちた人生になります。

それが限界に達して、様々な「不本意な現実」に押しつぶされそうになる時期を、由佐美加子は「直面期」と呼んでいます。メンタルモデルから逃れようとしないで統合するのが「実存的変容」です。そうすると、その人の「魂の目的」と呼べるような「ライフミッション」を遂行する人生に移行します。人の人生というのは、とても美しく設計されているようです。「実存的変容」は、様々な人が「分離」から「統合」へ、と表現しておりますが、分離されていた「メンタルモデル」が統合する、と解釈するとわかりやすいでしょう。
天外は、統合のための「メンタルモデル瞑想」を考案し、実績を上げています。こういう方法論がどんどん出てくれれば、これからの人類は「実存的変容」に達するのがとても容易で速くなるでしょう。

8章は、深い「実存的変容」にまで達した人の特徴を列挙しました。いまのところまだ、極めて少数しかいませんので、奇人変人扱いされているかもしれませんが、いずれ社会が進化するとここで述べたような人が規範になるでしょう。

この変容は、まさに「人類の目覚め」と呼んでもおかしくないようなインパクトがあり、社会システムは根本から変わることが予想されます。いままでは、「怖れ」に根差した「分離のエネルギー」が社会の推進力であり、文明が栄え、激しい競争社会が出現し、経済が発展しました。
「統合」に達すると、「真我のエネルギー」がベースになり、外側に向かっていたエネルギーが内面に向きます。GDPは下がるでしょうが、「無条件の愛」に満ち、調和に満ちた平和で温かい社会が出現するでしょう。それを本書では「ティールの時代」と呼ぶことにしました。

9章は、「実存的変容」に達すると運が良くなるという話。これは、理性と論理を重んじる人からはバッシングを受けそうな内容ですが、多くの実例があります。

以前から、「フロー」に入ると運が良くなる、ということは書いてきました（『運命の法則』飛鳥新社）。2章では、それを「フロー理論」の提唱者チクセントミハイの口から言わせようとして失敗した話を書きましたが、私は確固たる信念があります。CD、NEWS、AIBOの開発などで何度も実体験しているからです。

また、旅行などで、計画を立てずに成り行きにまかせるとすべてうまくいってしまうという「インディアン・スタイル」の話を『日本列島祈りの旅1』（ナチュラルスピリット）に書きました。

「運が良くなる」という話を少し分析すると、その前提に**「宇宙にはそれなりの流れがあり、計画がある」**という仮説が出てきます。エゴが立てた目標や計画を手放すと、宇宙の流れが見えてきて、それに上手に乗ると、すべてがうまくいく、という考え方です（科学的な裏付けはありません）。

これは従来人々が熱心に学んできた、「夢や目標をしっかり持ち、綿密に計画を立て、必死に努力をする」という方法論の真逆になります。目標や計画を手放すとうまくいく、というと「なにいってやがる！」と毒づきが聞こえてきそうですが、存外にその通りなのです。

ここまで書くと、経営の世界では顰蹙を買うのが必至なので、ちゃんとは書けなかったと思いますが、F・ラルー『ティール組織』の行間を読むと、それがにじみ出ています。

じつは、「フロー経営」も「ティール経営」も、「宇宙の流れに乗る」というのが神髄にあり、「実存的変容」に達してエゴが相対化されることで、運が良くなるのです。

このポイントに関しては、書くべきか迷っていたのですが、一部の読者から反発されることを覚悟の上で、すべてを書きました。

本書の姉妹編に、由佐美加子さんとの共著『ザ・メンタルモデル』、武井浩三さんとの共著『自然《じねん》経営』（ともに内外出版社）があります。あわせてご参照いただければ幸いです。

もくじ

カバーデザイン　小口翔平＋岩永香穂（tobufune）
本文デザイン・DTP　小田直司（ナナグラフィックス）

1章

F・ラルーによる「実存的変容」の記述

F・ラルー『ティール組織』はよく売れていますが、意外にしっかりと読み通した人は多くはいないようです。まだお読みでない方、あるいは読んだけれどよく把握できなかった方のために少し解説をいたしましょう。

F・ラルーは、太古の昔からの組織の発達を分析し、レッド、アンバー、オレンジ、グリーン、ティールなどの五色で表現された段階構造を提唱しました。

レッドというのは、恐怖で支配されたギャングのような組織。アンバーというのは、軍隊のように上下関係がはっきりとしており、指示命令が絶対的な、規則や規律が重んじられる組織です。

いま、世界中の企業の大多数は、F・ラルーが「オレンジ」と呼んだ組織運営をしています。職務権限と責任範囲、指揮命令系統がはっきりしている階層的組織です。アンバーが身分や階級で上下関係が決まっているのに対して、オレンジでは能力と貢献度に応じて評価され、出世するという道が開かれました。経営学の大部分はこのパラダイムの中で発達しました。これは、人も組織も機能としてとらえ、その合理的な組み合わせで全体のパワーが発揮されるという「機械」がメタファーな組織です。

F・ラルーは、多くの会社を調査しましたが、経営者も社員も疲れており、決して幸福ではないことに愕然としました。これはおそらく、人を機能部品とみなして、効率向上至上主義でぎりぎり締め上げていくオペレーションに問題があるからでしょう。

その泥沼から脱出するため、彼が「グリーン」と名付けた関係性を重視した組織運営も出現しています。階層的組織構造は残っているのですが、大幅な権限委譲により現場に裁量がまかされ、経営者はサーバント・リーダーシップに徹するというオペレーションです。これは「家族」がメタファーな組織でしょう。

さらに調べると「生命体」をメタファーとする、はるかに先鋭的な組織運営も数多く発見され、それに「ティール」という名前を付けました。「ティール」とは青緑色のことです。階層的組織構造はなく、全員がフラットで、どんな大きなデシジョンも誰でもできます。ただし、決定前に利害関係者や有識者の意見を聞く、アドバイス・プロセスというのが義務付けられています。

これは、日本の大企業の「根回し」に似ていますが、日本企業では形式的にせよ決定会議でオーソライズされるのに対して、アドバイス・プロセスでは、寄せられた意見を無視して自分で勝手に決めることも許されています。

驚いたことに、多くの会社が同じように「ティール」の運営をしているにもかかわらず、お互いに連絡はなく、それぞれ独自に開拓した結果がほぼ同じになっていたということです。

Ｆ・ラルーは、まえがきで述べたように、人類の意識が進化した結果「ティール組織」が出現してきたと考えました。個人の意識の成長・発達の段階も、組織の発達段階と同じく、それぞれ「オレンジ」、「グリーン」、「ティール」と名付けました。そのうち「ティール」に向かう変容が、本書のテーマの「実存的変容」です。

Ｆ・ラルー『ティール組織』は、組織の進化に焦点を当てており、個人の意識の発達段階に関しての記述は多くないのですが、その中から本書で「実存的変容」と呼んでいる内容に相当する記述を拾い出しました（注：Ｆ・ラルー自身は「実存的変容」という言葉は使っておりません）。

以下、12の引用を選び、その解説をします。「ティール」にも、意識の変容にもなじみがない方はこれらの独特の表現にちょっと戸惑うかもしれません。その違和感をそのままましっかりと抱えて、この後の章を読み進めていただきたいと思います。やがて違和感が少しずつ溶け、これらの表現がしっくりなじんでくるプロセスをお楽しみいただけたら幸いです。

引用１：私たちが自分自身のエゴから自らを切り離せるようになると、進化型（ティール）への移行が起こる。（74Ｐ）

解説：ここで「切り離す」という表現を使っていることにご注目ください。決してエゴをなくすのではないのです。どんなに意識レベルが進んでも、エゴがなくなることはありません。まったくエゴがない聖人のように振る舞っている人の中には単に装っているだけであり、「実存的変容」からは程遠いケースも数多く見受けられます。

エゴに限らず、嫉妬とか怒りとか、一般にはネガティブと考えられている情動が自分の中にはないように装ったり、なくそうとしたり、抑圧したりしないで、あるがままを認めて、客観的に、相対化して遠くから眺められるようになるのが「実存的変容」です。これを「メタ認知」と呼びます。

「メタ認知」を獲得すると、いきなりエゴむき出しの行動に走るようなことはなくなり、嫉妬や怒りを感じても、それを表出するかどうかを自らが選べるようになります。冷静になれるので、怒りに任せて取り返しのつかない暴言を吐く、というような失敗はしなくなります。

「メタ認知」ができていない人に比べると、抑圧していないだけにエゴや怒りや嫉妬をむしろしっかりと感じる傾向があります。

本書では、「メタ認知」を獲得するためのトレーニング法として「鳥の瞑想」を提案しております（6章）。

引用２：自分のエゴを一定の距離を置いて眺めると、その恐れ、野心、願望がいかに自分の人生を突き動かしているかが見えてくる。支配したい、自分を好ましく見せたい、周囲になじみたいといった欲求を最小化する術を得る。（中略）恐れに置き換わるものは何だろう？　人生の豊かさを信頼する能力だ。（74Ｐ）

解説：いま、世の中のほとんどの人は「実存的変容」に達していません。そうすると、人生を駆動するのは主として「怖れ」や「不安」のエネルギーになります。Ｆ・ラルーは、単にそれがエゴから出てきたといっていますが、由佐美加子は「メンタルモデル」という概念で詳しいメカニズムを説明しています。７章で解説します。

Ｆ・ラルーは、「実存的変容」を経ると、「恐れ」が「信頼」に置き換わるといっていますが、同じことを天外はさらに詳しく「葛藤によるモンスターのエネルギーを使って生きてきた人生から、真我のエネルギーが使える人生への変容」という表現で説明しております（３章）。

一般にいまの社会は、モンスターのエネルギーを上手に戦いのエネルギーに昇華して、社会的成功を勝ち取ってきた人たちが社会の上層部を占めています。したがって、上層部には「実存的変容」を達成した人は、それほど多くは見られません。

引用3：研究者たちは、多元型（グリーン）から進化型（ティール）への移行（注：本書でいう実存的変容）が人の進化において極めて重要だという点で見解が一致している。さらに、グレイブと彼の支持者は多元型（グリーン）までの全段階（ステージ）を「第一段の（注：ティア1）」意識、進化型（ティール）から始まる段階（ステージ）を「第二段の（注：ティア2）」意識という用語を使って区別し、進化型（ティール）への発達の重要性を示そうとした。彼らによれば、「第一段」の段階（衝動型〝レッド〟、順応型〝アンバー〟、達成型〝オレンジ〟、多元型〝グリーン〟）にいる人々は、自分たちの世界観だけに価値があり、ほかの人々は取り返しがつかないほどに間違っていると考える。進化型（ティール）パラダイムに移行して初めて、意識は進化すること、そして世界に対処するための複雑で洗練された方法に向かおうとする気運が高まっていることを認識するようになる。（73P）

進化型（ティール）パラダイムでは、この対立性を超越し、決めつけないことでより高次の真実にたどりつける。（83P）

判断をしない世界では、他者との関係性は新たな形をとる。（84P）

解説：この引用の前半部分は、まえがきに書いた通りです。多くの研究者が、本書で扱う「実存的変容」の重要性を様々な表現で語っています。

一般に、「実存的変容」以前の人は、すべての事柄を「正義vs悪」のパターンで読み解こうとします。当然、自分は「正義」の側に置いており、「悪」を発見して非難をしたり、戦いを挑んだりするのです。相手側も同じことをしているので、戦いは必ず正義と正義のぶつかり合いになります。この現象は、ユング心理学の「シャドーの投影」という概念で説明できます（3章）。

「実存的変容」に達すると、「正義vs悪」のような二元性を脱するので、多様性が許容できるようになり、争い、戦いが極端に減ります（8章）。

「判断をしない」というのも、「いい・悪い」の二元性を超越することです。ここでは人間関係のみに言及していますが、人生のすべての局面で同じです。あらゆる二元性を完全に超越した智慧を、仏教では「無分別智」といい、「悟り」の境地とされています。

引用４：進化型（ティール）パラダイムは結果にそれほどこだわらないので、時に不愉快な現実の真理を比較的容易に受け入れられる。（80Ｐ）

エゴを失う恐れが少ないので、一見危険に思える意思決定ができる。（75Ｐ）

解説：「実存的変容」以前の人にとっては、結果がすべてです。結果を得るために必死に努力し、結果がよければ有頂天になり、悪ければ意気消沈します。時に悪い結果をまともに受け止められません。

「実存的変容」に達すると、だいぶ姿勢が変わります。結果に執着せず、いま最善を尽くすことに注力します。そして、どういう結果が出ようとも、それを淡々と受容する精神を身に着けています。これがもう少し進むと、「明け渡し」という状態になり、宇宙の流れに乗って、共時性と運命を味方につけるような生き方になりますが（９章）、『ティール組織』では、そこまでは書いていません。

引用５：進化型（ティール）では、意思決定の基準が外的なものから内的なものへと移行する。（75Ｐ）
人生の目標を設定して、どの方向に向かうべきかを決めるのではなく、人生を解放し、一体どのような人生を送りたいのかという内からの声に耳を傾けることを学ぶ。（76Ｐ）

解説：いまの社会の一般常識では、目標や夢を設定して、それに向かって懸命に努力する人生が推奨されています。ところが、「実存的変容」を体験すると目標や夢を持たなくなります。そのひとつの理由は、目標とか夢というのは、主としてエゴが生み出すものであり、エゴが相対化されると、それらにあまり意味を見出せなくなるのでしょう。

F・ラルーがそういっているわけではなく、これは天外の独断ですが、エゴが生み出した目標や夢に代わって、大切になってくるのは「宇宙の流れ」です。自分の限界を超えた大いなるものにゆだねる生き方に変わっていきます（9章）。

引用6：進化型（ティール）パラダイムでは、内面の正しさを求める旅を続けると、自分が何者で、人生の目的は何か、という内省に駆り立てられる。（76P）

解説：アウシュビッツの体験を書いた『夜と霧』で有名な心理学者のヴィクトール・フランクル（1905―1997）は、地位も名誉も収入もある成功者が、ときに「自分は何者で、人生の目的は何か」という根源的な問題に真剣に悩み始めることを発見し、「実存的危機（精神因性神経症）」と名付けました。

由佐美加子は、少し表現は違いますが、同じ内容を「直面期」という言葉で呼んでいます。「分離」の状態を何とか適応して生きていると、やがてそれが限界に達して、「不本意な現実」が山のように押し寄せてきて、押しつぶされそうになる危機を体験する、それはじつは「統合」に向かう大切なチャンスだ、という説です（7章）。

「実存的変容」というのは、地位、名誉、収入、マイホームなどの外面的な目標を追い求めていた人生から、より根源的な内面の追求に切り替わることを意味します。まさに「分離」から「統合」への変容です。

引用7：非日常的な意識状態（瞑想、黙想、幻覚、フロー体験、至高体験）はどのような意識段階（ステージ）でも得られるが、進化型（ティール）パラダイムから先では、人々は定期的にこうした状態に浸る実践を通じて、人間の経験の全領域に触れようとする。（81Ｐ）

この段階（ステージ）まで進んできた人々の多くは、瞑想、集中、武術、ヨガ、あるいは単に自然の中を歩くといった慣行を通じて静かな場所を見つけ、真実と指針を自分に語りかけてくれる内なる魂の声を耳にすることができる。（77Ｐ）

解説：「実存的変容」というのは、いくら学んで知識として理解しても達成できるものではありません。ここで書かれたような「非日常的な意識状態」がとても有効です。

自然に「実存的変容」を達成した人で、一番多いケースが重篤な病気を克服した人、倒産やリストラ、身近な人の死などで「疑似的な死」を体験した人です。これは、「死と直面する」というプロセスによる変容です（3章）。

天外塾では、病気にならなくても「実存的変容」に向かえるように、様々な瞑想ワークを工夫しております（6章）。塾生のほとんどは、瞑想を習慣化して、意識の変容に取り組みます。

このような意識の変容の、深層心理学的説明、メンタルモデルからの説明を、それぞれ3章、4章、7章などに示します。

引用8：進化型（ティール）パラダイムでは、人生における障害物とは、自分自身とは何か、世界とは何かを学べるよい機会なのだ。エゴにとっては有益な防御壁だが、魂にとっては無能な教師となる怒り、恥ずかしさ、非難を素直に手放せる。そもそもこの問題の原因は自分にあったかもしれないと考え、そこから成長するには何を学べるだろうと調べてみる。（79Ｐ）

解説：天外塾では、すべての問題は自分のサイドに要因がある、と捉える練習をします。たとえば、拙著『問題解決のための瞑想法』（マキノ出版）の最初に出てくる例では、毎日のように遅刻してくる社員に怒りを感じていた経営者が、遅刻をやめさせようと自分の外側に働きかける代わりに、自らの怒りに対して、1カ月間の瞑想ワークを実施し、首尾よく怒りが消えました。

遅刻をやめさせる、といった外側に対するアクションを取った場合には、一時的には怒りを感じなくなりますが、また怒りを感じる現象が必ず外側で起きます。無意識レベルに潜んでいる「怒りの衝動のモンスター」が、それを引き寄せるといってもいいでしょう。いくら外側に働きかけても根本的な解決にはならず、形を変えて同じことを繰り返すだけです。本質的な問題は、自分の内側に存在する怒りの衝動のモンスターなのです。

このケースでは、フレックスタイムを導入して解決しましたが、類似のケースで、怒りが消えたらその人たちが遅刻してこなくなった、というように外側で起きている現象も変化してしまうようなこともよく起こります。

合理的な説明はできませんが、瞑想ワークというのは自分の内側だけに働きかけているのですが、内側が整うと、外側に起きる現象が変わってくる、ということは天外塾では頻繁に経験されます。

引用９：（ティール〝進化型〟パラダイムでは、）人々や物事を支配したいという欲求を抑制できるようになる。（75Ｐ）

解説：支配したい欲求のことを私たちは「コントロール願望」と呼んでいます。「フロー経営」は、指示・命令をなくし、担当者にすべてを任せますが、その時に経営者に「コントロール願望」が残っているとうまくいきません。「コントロール願望」というのはエゴから出てきます。エゴが切り離せるようになると、「コントロール願望」も切り離せるようになります。

「コントロール願望」がなくなる、ということは自分もコントロールしようとしなくなるので、ありのままの自分でいられるようになり、他人や組織をコントロールしなくなるので周囲が活性化します。社会もコントロールしようとしないので、「社会をよくしよう」などというインテンションはなくなりますが、たまたま好きでやっていることが社会のお役に立つかもしれない、というくらいのさばさばした感じになります。

引用10：人生を発見の行程だと考えれば、人生で出遭う挫折や失敗、さまざまな障害に潔く対処できる。（79Ｐ）

予想外のことが起こっても、あるいは間違いを犯しても、物事はいつか好転し、そうでないときには、学び成長する機会を人生が与えてくれたのだと考えるようになる。（75Ｐ）

解説：これは、基本的には自分の運命に対する信頼です。「プラス思考」のように、無理矢理にポジティブに考えるのではなく、ごく自然にこういう心境になっている、というのがポイントです。この信頼がどこから出てくるかというと、エゴが弱まり、自分も他人も出来事もコントロールしようとはせずに成り行きに任せる、という姿勢を獲得するからです。究極的には、引用４の解説に書いた「明け渡し」により、エゴの計画を放棄して宇宙の計画に乗っていく、という生き方になります（９章）。

引用11：進化型（ティール）パラダイムへの移行は、しばしば超越的な精神領域への解放と、私たちが大きな一つの完全体の中でつながり、その一部であるという深い感覚とともに起こる。（82Ｐ）

解説：この表現は、とても宗教的であり、なじみのない人にはピンと来ないかもしれません。

観察対象と一体感を感じることを仏教では「妙観察智《みょうかんさっち》」といいます。おなじみの観音様（観世音菩薩、観自在菩薩）というのは、その境地を体現しています。瞑想中に、たとえば目の前の樹木との一体感をありありと感じる、などといった神秘体験をすることがあります。ほとんどの場合、おびただしい涙にまみれます。もちろん、瞑想から醒めてしまえば普通の感覚に戻ってしまうのですが、それを経験すると、「妙観察智」という境地が確かにあるようだ、と想像できるようになります。そういう体験でもしない限り、常にその感覚を維持しているという「妙観察智」という境地は、一般の人の理解や共感を超えているでしょう。

「妙観察智」のさらに奥に、宇宙全体との一体感を抱くレベルがあるようです。仏教では「梵我一如《ぼんがいちによ》」などといいます。宇宙全体が分離していないひとつの存在だ、という概念を「ワンネス」と呼びます。常にその感覚を維持できているのが、おそらく「悟り」なのでしょう。私たちのレベルでは、あまり実感を持って想像できませんが、上の「引用11」は、おそらくそのことをいっているのでしょう。ただし、「実存的変容」というのは、それよりもはるかに手前の現象なので、混同しないように注意が必要です。「妙観察智」などの特殊なレベルに達していなくても、「実存的変容」は可能です。

引用12：自分は自然から分離しているのではなく、自然と一体なのだ、という覚醒である。（84P）

解説：これも上記の引用11の一部です。大自然の営みと自分との境界が淡くなってくるという感覚が出てきます。アメリカ・インディアンの男子の通過儀礼で、人里離れた森の中で寝袋だけを持って、3日間断食するヴィジョン・クエストというのがありますが、自然に溶け込み「実存的変容」に向かう有効なトレーニングになります。引用7で「自然の中を歩く」といっているのも、同じ意味でしょう。日本では、「(株)森へ」という組織が同様のトレーニングを実施しています（7章）。

2章

癌が自然に消える「実存的変容」

私が「実存的変容（注：実存的転換ともいう）」という言葉に注目するようになったのは、約20年前、医療改革に取り組んでいるときからです。

池見酉次郎（1915―1999）という医師は、心と身体の関連性に着目し、心療内科という新分野を開拓されたので有名です。彼が九州大学の教授のころ（40年以上前）、いま私が医療改革でご一緒している矢山利彦医師（矢山クリニック院長、バイオレゾナンス医学会理事長）が医学生として師事しておりました。池見教授が、癌が自然に消えた症例を集めて講義したのを聞いた矢山医学生は、感動してすぐ教授のところに行きました。「先生、それは素晴らしい、どうしたらそれが起きるのですか？」。

池見教授は、戸惑いながらこう答えたということです。**「うーん、これはね、めったに起きないんだよ。患者が実存的転換（変容）を起こさないといけないからね……」**。

この話を聞いて、私の医療改革の骨子が固まりました。「実存的変容」という言葉は、ユングなどが提唱しているのは知っていました。ひとりの人間の人生にとっては、とても大きな、大切な変容です。池見医師は、癌の治癒のための手段として実存的変容を取り上げましたが、私はむしろ、実存的変容に焦点を当て、病気はそのための絶好のチャンスを提供する、と考えました。

じつは、重篤な病気になると「死と直面」できるので、「実存的変容」が起きやすくなるのです。これに関しては、3章で述べます。

1997年から私が始めた医療改革は、病院をなくすという過激な改革です。病院に代わる「ホロトロピック・センター」という概念を提唱しておりますが、そこではすべての住民を、病気にならないようにケアし、病気になった場合には治療と同時に患者の「実存的変容」を医療者がひそかにサポートする、というミッションを遂行します。

病気にならないようにケアしても、意識の変容をサポートしても保険の点数はつきません。また、ひそかにサポートするので患者にもいえず、宣伝にも使えません。つまり、医療者にとっては何の実利的なメリットもない、とんでもない医療改革なのです。

したがって、意識レベルが高い医療者だけが対象になるので、この医療改革は一挙に広めることは無理です。それでも多くの心ある医師の賛同を得て、2014年時点で札幌から鹿児島まで15のクリニックがホロトロピック・ネットワークに法人会員として登録してくれておりました。その後は、法人会員制度を廃止したので、数は増えてはいませんが、ホリスティック医学協会や統合医療学会でステージに上がる医師の約半数はこの医師たちになっているので、所期の目的は果たしたと思っております。この仲間の中から、医学関係のふたつの学会（バイオレゾナンス医学会、日本医療催眠学会）を設立した医師たちが現れました。

患者の意識の変容をサポートするなどといったことは医学部では教わっておらず、医療者にとっては皆目見当がつきません。そこでハワイで隠とん生活を送っていた伝説のセラピスト、吉福伸逸（1943―2013）を呼び出して、2003年から6年間、数日間のワークショップを年に2回開いていただきました。

私自身が深層心理学に精通するようになったのは、このワークショップの影響が大きいと思います。

このように、「実存的変容」の実態、いかにして人々をそちらに導けるかなどは、医療改革の推進並びに吉福伸逸のワークなどで学びました。医療改革そのものは本書の主題とは少し離れておりますので、記述はこのあたりでとどめます。ご興味ある方は、拙著『無分別智医療の時代へ』（内外出版社）などをご参照ください。

◇ソニー時代にチクセントミハイの「フロー理論」に出会う

21世紀に入ると私は、今度は企業経営改革というまったく別の分野に取り組み始めましたが、またしても「実存的変容」が浮かび上がってきました。そのいきさつをお話ししましょう。

2003年4月に、ソニーの業績が急降下し、日本中の株が暴落したことがありました。「ソニーショック」と呼ばれています。じつは、その2年ほど前から社内は鬱病だらけの地獄の様相を呈していました。私は、1964年の入社以来、社員が目を輝かせて夢中になって働くソニーしか知らなかったので、いったい何が起きたのかわからず、どこが変わったのか戸惑いました。

いろいろ調べているうちに、チクセントミハイという心理学者が提唱する「フロー理論」でソニーの凋落が読み解けることがわかりました。「フロー(流れ)」というのは、何かに無我夢中で取り組んでいる精神状態を表し、ときには奇跡を呼びます。「フロー」に入るためには、心の底からこみあげてくるわくわく感のようなものに動機づけられている必要があります。逆に、不安や怖れに駆られていたり、指示・命令で義務的に動いたり、人の目を気にしたり、金銭・名誉・地位・出世などに動機づけられているときには「フロー」には入れません。

ソニーの創業は1946年、まだ「フロー」などという言葉が誕生するはるか以前ですが、上からの指示・命令が少なく、担当者の裁量に任せる「フロー経営」が実践されていました。創業者の井深大さんの口癖は「仕事の報酬は仕事」でした。仕事で成功すると、もっと面白い仕事を任せてもらえる、という意味です。社員のやる気と働きがいに焦点を当てた経営だったのです。それが、トランジスタやテープレコーダーなど、数々の技術革新を成し遂げ、世界でも類を見ない急成長を成し遂げた秘密の源流です。

『ティール組織』の解説の中で嘉村賢州さんは、「元ソニー取締役の天外伺朗さんにティール（進化型）のコンセプトを紹介したとき、昔のソニーこそまさにそういう文化だったとおっしゃった」と書いておられます。

実際に何が起こったかというと、昔のソニーのOB（私たちは、敬意をこめて「不良社員」と呼んでいます。5章参照）と食事をしているとき、たまたまそのレストランに嘉村賢州さんが入ってこられたのです。まだ『ティール組織』が出版される前でしたが、彼が解説を書いていることは知っていたので、耳慣れないティールについてちょっと解説してよ、とお願いしました。そうしたら、その不良社員たちが、「なんだ、そんなことは、俺たちははるかに昔から実行していたよ」と口々にいいだしました。そのエピソードを、嘉村さんがいち早くこの本の解説に盛り込んだのです。

昔のソニーは、形式的には普通のピラミッド組織だったのですが、部門によっては、担当者にすべてがゆだねられている実質的なティール文化があったのです。

ところが1995年にトップが代わり、どうしたわけかソニーの経営は遅れていると錯覚し、アメリカ流の「合理主義経営」を導入してしまいました。具体的には、ジャック・ウェルチを追いかけ、成果主義を導入しました。ジャック・ウェルチはGEを成功させた立役者ですが、F・ラルー『ティール組織』でも、管理型経営のオレンジ階層の典型として紹介されています。

実質的にティール組織で運営されていた部署が多かったソニーに、突然管理が強く、指示・命令で動かなければいけない、進化という意味では、はるかに遅れているオレンジの運営が導入されてしまったので、誰も「フロー」には入れなくなり、地獄のようになってしまったのでしょう。

それが、チクセントミハイの「フロー理論」で明解に読み解けました。私は、チクセントミハイの著書を全部買い集めて読み始めました。

ちょうどその頃、私は二足歩行ロボットの発売をめぐって、トップとメールで激しい論争をしておりました。その大ゲンカの決着がついたころ、トップからアメリカのＴＥＤカンフェレンスに行ってくれないか、との打診がありました。ＴＥＤというのは、テクノロジー、エンターテインメント、デザインという三分野の中で、飛び抜けた業績を上げた有名人がショートスピーチをする集まりです。ソニーは情報収集のため、毎年役員クラスを派遣していたけど、次の年はお前が行け、というのです。まあ、ほとんど物見遊山です。会社の金で、ファーストクラスの飛行機に乗って遊びに行くようなものですから、これはご褒美といってもよいでしょう。

いまは日本でもＴＥＤｘとしてたくさん開かれていますが、当時はカリフォルニアのモンタレーだけで年1回開かれておりました。トップは仲直りのつもりでＴＥＤ行きをオファーしてきたのかもしれませんが、私は怒りが収まっておらず、何度いわれても断り続けていました。ところが、何気なくプログラムを見ると、なんとその年は講演者の中にチクセントミハイがいたのです。

こういう現象を「共時性（シンクロニシティ）」といいます。心理学者のユングが提唱した言葉で、「複数の因果関係のない出来事が同じ意味を持つ、という偶然の一致」をいいます。この場合には、ソニーの凋落を「フロー理論」で読み解けることがわかり、本を集めて読んでいたら、たまたま断り続けていたセミナーで、その提唱者が講演することになっていた、という偶然の一致です。

この頃私は、出版社の要請で『運命の法則』（飛鳥新社）という本を書き始めていました。その第1章に「共時性を感じたら、それに乗って行け」と書いたばかりでした。私は八方手を尽くして、講演の直前にチクセントミハイと昼食をとる約束を取り付けました。

かくして私は、2004年2月28日にモンタレーの日本食レストランでチクセントミハイと天ぷらを食べることになりました。モンタレーは海辺の町で、天ぷらはとてもおいしかったのですが、私は途中から喉を通らなくなってきました。というのは、何とかチクセントミハイの口から「フローに入ると運がよくなる」という言葉を引き出そうと必死に努力したのですが、全然うまくいかなかったからです。

私自身は、CD、NEWS、AIBOなどの開発を通じて、まだ「フロー」という言葉を知る前にチームがとんでもない高揚感に包まれてパワーを発揮するのを経験して、「燃える集団」と呼んでおり、本にも書いていました。そして、ある時点から急に運が良くなるということを毎回経験して、信念になっておりました。必要な人と絶妙なタイミングで出会ったり、欲しいと思っていた部品がたまたま発売されたり、デシジョンミスが幸運を呼んだりするのです。統計的にあり得ないような確率で、幸運が訪れる、という体験でした。

「フロー」という言葉に出会ったのも、「フローに入ると運が良くなる」という内容の、アメリカ人が書いた本が最初でした（C・ベリッツ、M・ランドストロム著『パワー・オブ・フロー：幸運の流れをつかむ新しい哲学』河出書房新社）。ソニーが地獄の様相を呈する中で、「これだっ！！！」という激しい気付き、真っ暗闇の中で、一筋の光明に出会った、という心境でした。それをきっかけに、「フロー理論」の提唱者であるチクセントミハイの著書にのめりこんでいったのです。

ところが驚いたことに、チクセントミハイはその本のことを知りませんでした。しつこく迫る私に、彼は最後にこういい放ちました。

「私は、学者なので合理性の範囲内でしかお話しできない。もし〝運〟などに言及したら学者生命を失いかねない！」

「ああ、天ぷら代が無駄になったな！」というのが、この時の私の正直な気持ちでした。というのは、もし「フロー理論」の提唱者の彼が「フローに入ると運が良くなる」といってくれたら、それが『運命の法則』のハイライトになり、ベストセラー間違いなし、という極めて不純な動機を含んで、私はこの会合に臨んでいたからです。
それからしばらくして、彼は突然「いまここで、あなたに会ったことは強い共時性を感じる」といいだしました。というのは、午後イチの彼の講演で最初に用意してきたパワポがソニーの設立趣意書であり、その直前にソニーの上席常務である私に会ったことが共時性だ、というのです。私は、ちょっとカチンときました。共時性というのは、まったく合理的な話ではないからです。
「……ちょっと前に、合理性の範囲内でしかお話しできないといったばかりじゃないか……」
口には出しませんでしたが、私は心の中で毒づきました。

「……自由闊達にして愉快なる理想工場の建設……」

直後の彼の講演の最初のパワポは、私が入社以来何百回と目にしてきたソニー(正確には設立時の名前は東京通信工業)の設立趣意書の第1章でした。1946年、一面焼け野原の東京で、創業者の井深大氏が渾身の気迫で書いた設立趣意書です。

「これがフローに入る秘訣だよ!」

これには私は相当カチンときました。ソニーが凋落した要因は、アメリカ流の合理主義経営を導入したからですが、その輸出元のアメリカで、アメリカ人がアメリカ人相手に、合理主義経営と真逆の「フロー経営」を説き、そのお手本が創業期のソニーだといわれてしまったのです。

私自身は、国粋主義的な傾向はまったく自覚していないのですが、この時は「日米経営学戦争」の靴音を聞いたような気がしました。

◇フロー理論と実存的変容

『運命の法則』は、元々「女性読者向けに」という出版社の社長の要望で書き始めていたのですが、後半に「フロー経営」の話が入り、ちょっと中途半端になってしまいました。「運が良くなる」というチクセントミハイの言質も書けなかったのですが、それでもベストセラーになりました。

「運命の話を書いたら、運命が開けた」というとジョークのようですが、この本を契機に私の運命は大きく展開し始めました。最初は、日本経営合理化協会から経営塾の開催依頼が来ました。私はまだソニーの現役の役員だったので、何度も断っていたのですが、結局2005年から全6回の天外塾を始めました。その後、神田正典氏の（株）アルマック（当時）や日本能率協会からも天外塾の開催依頼がありました。

アルマック主催の天外塾に、サッカーの岡田武史監督が参加され、その後就任された日本代表チームに「フロー経営」を全面的に導入されました。2010年のワールドカップ南ア大会で岡田監督の「フロー経営」がうまくいったことから、毎週のように週刊誌などで指導した私が大きく取り上げられ、一躍天外塾が世の中で知られることになりました。

当初の天外塾では、「フロー理論」を理詰めでお伝えしていたのですが、いくら頭で理解しても「フロー経営」は実践できない人が多いことがわかりました（岡田監督は数少ない例外）。

そして、経営者は一般の人（例えば専業主婦）に比べると葛藤が強いこと、その葛藤のエネルギーを**戦いのエネルギーに昇華**して経営していること、葛藤が強いと「フロー経営」ができないこと、などがわかってきました。

なぜできないかというと、**葛藤は「戦いのエネルギー」の源なので、先頭に立って戦っていないと精神が不安定になってしまう**からです。管理型の経営なら、戦いのエネルギーだけでも推進できますが、担当者にポーンと全面的に任せる「フロー経営」は難しいのです（4章）。また、葛藤は「コントロール願望」を生み（P46、1章、引用9）、それが残ったまま仕事を任せてもうまくいきません。このあたりは、3章でもう少し詳しくご説明します。

結局「フロー経営」を実践するためには、塾生の葛藤の解消に取り組まなければいけないことがわかりました。これは、とりもなおさず塾生の「実存的変容」のお手伝いをすることに相当します。葛藤の解消がなぜ実存的変容につながるかは、3章で述べます。

不思議なことに、医療改革と企業経営改革と、まったく畑違いの分野に取り組んだのですが、両方とも同じ「実存的変容」に収束していきました。「実存的変容」のサポートは医療改革の吉福伸逸さんのワークでさんざんやってきたので、天外塾でも極めてスムースに取り組むことができました。

「実存的変容」のサポートなどという、かなりヘビーで難しい内容を、たまたま医療改革で実践し、卓越した指導者から学んでいたら、その次に取り組んだ経営塾で、その経験がそっくりそのまま生きた、ということです。たまたま偶然の幸運のように見えますが、これが「宇宙の流れに乗る」ということです。9章で述べます。

『ティール組織』が刊行され、ティールに向かうためには、やはり「実存的変容」が必要であることがわかり、天外塾の役割がさらに広がりました。その気付きが本書を書く動機になっています。

5章で詳しく述べますが、じつは「フロー経営」だけだったら、「実存的変容」は必ずしも必要ないことが後からわかりました。それは、明らかにそこまで達していないリーダーが、立派に「フロー経営」を実行している例がたくさん見つかったからです。スティーブ・ジョブズがそうだったし、ソニーでは、プレイステーションとか放送局ビジネスの例がありました。

結局天外塾は、「ティール型組織運営」に向かうための方向性を持っていた、ということがわかりました。ティールだと、指示命令がなく、すべては自主性に任せられるので、当然「フロー」には入りやすく、究極の「フロー経営」なのは確かです。

ビジネスの結果だけを見ると、葛藤が残ったままの「フロー経営」と、「ティール」のレベルの「フロー経営」は変わりません。両方とも奇跡的な成果を上げることができます。でも、担当者の意識状態、特に意識の成長の様子は大いに違います。葛藤が残ったままの経営だと、一旦は繁栄しても、後継者が育たず、カリスマ経営者がいなくなると衰退してしまいます。これに関しては、5章で述べましょう。

3章

無意識に潜むモンスターたち

この章では、深層心理学の立場から、少し原理的な説明をします。耳慣れない言葉がたくさん出てきて読みにくいとは思いますが、なるべく平易に解説いたしますのでご辛抱ください。

まず、巻頭にあるカラーの口絵の「無意識に巣くうモンスターたち」を見てください。

この図面は、すでに確立されている古典的な深層心理学の知見に、わずかに宗教からの智慧を追加したものであり、読者が用心しなければいけないような、きわどい独善的な内容は一切ありません。ただし、モンスターという呼び方、ならびに無意識層をモンスター層と聖なる層に分割したのは、まったく説明上の都合だけであり、天外独自のアイデアです。

人間には、自分では気づくことができない深層意識があることを発見したのはフロイトであり、それを「無意識」と名付けました。日常的に使っている無意識という言葉とはちょっと意味が違うのでご注意ください。

私たちが、自分で何とか知覚できるのは、この図でいうと意識レベルだけです。だから、この図に書いてある無意識レベルは、心理学者たちがおそらくこうなっているに違いない、と想像した産物です。

一番わかりやすいのは、意識レベルのペルソナです。これは「仮面」という意味であり、私たちが「こうあるべきだ」と自分で決めた自分の姿です。

図では、仮面は一枚しか描いておりませんが、実際には私たちは何枚もの仮面を持っており、それを状況に応じて自動的につけ替えております。たとえば、会社では課長というペルソナ、家に帰るとお父さんだったり、夫だったりします。ゴルフをしたり、車を運転したりするときには、またそれぞれに違うペルソナをつけます。キャバクラに行くと、脂ぎったスケベなおっさんのペルソナをつけるかもしれませんね。子どもの前では決して見せられないペルソナです。

奥さんに対しているときのペルソナは、きわめて横暴で、言葉遣いもぞんざいで、ヨコのものをタテにもしない無精者なのに、愛人に対するペルソナはとても優しく、気が利いて、マメで、謙虚だ、などといった矛盾がよく起きます。

ペルソナの切り替えは自動的で、本人はほとんどコントロールできない、というのが原則ですが、「実存的変容」に達するとペルソナが相対化され、意識してつけ外しができるようになります。1章では、エゴの相対化だけが記述されましたが（P36、引用1）、じつはペルソナでも同じことが起きるのです。

まともに育っていれば、ほとんどの人が「健全な社会人」、「良き隣人」といったペルソナを持っています。従来の教育はそのレベル、つまり「健全な社会人」が装えるレベルが目標であり、そういうペルソナが育てられれば「よし」としていました。

これからの教育は、それでは不十分であり、「実存的変容」を見据えて子どもたちの意識の成長をしっかりとサポートすべきだというのが、天外が主張する教育改革です。本書のメインテーマとはちょっと離れますので、これ以上の解説は省きますが、教育問題にも「実存的変容」が主題として顔をのぞかせています。

8章、9章でも教育問題は少しふれますが、詳しくは、拙著『教育の完全自由化宣言』、『生きる力の強い子を育てる』(いずれも飛鳥新社)、『創造力ゆたかな子を育てる』(内外出版社)などをご参照ください。

◇自我(エゴ)とは

「超自我」というのは、幼少期に親のしつけや大人の世界の価値観を反映して形成された「倫理観・道徳観」のようなものです。「超自我」が確立すると、私たちはようやく健全な社会生活が営める、というのがフロイトの理論です。

フロイトは、無意識には性欲などの動物的な衝動の源があると考え、その源を**「イド」**もしくは**「エス」**と名付けました。そこから出てくる衝動や行動欲求と超自我は対立しますが、それを調整して実際にとる行動を選択するのが**「自我（エゴ）」**です。

「自我」の最大の役割は、外界から自分自身を守ることです。私たちの日常生活では、他人に慮ったり、世間体を気にしたり、愛情を注いだりしますが、それらは「超白我」や「ペルソナ」、あるいは後から述べる「真我」の役割だとして「自我」とは切り離して定義されています。

同じひとりの人間なのに、そんなふうに別々の機能と考えることに、抵抗感が出てくる方もおられると思います。心理学者たちはそれらを分離する構造を仮定し、それぞれの役割がお互いに葛藤することから様々な現象が発生しているというメカニズムで、人の心理をよく説明できる理論を構築しているのです。

したがって「自我」は、他人の都合や好みを配慮しないで、自己中心的に白らを守ろうとする機能として定義されています。そういう態度をエゴイスティックといいますが、「エゴ」の日本語訳が「自我」です。

以下に、「自我」の基本的傾向を列挙します。

「自我（エゴ）」の基本的傾向

①際限なく肥大し、支配できる範囲を拡大しようとする。
②誰かから管理され、支配されることを嫌う。
③自分以外のすべての外界や人を、基本的には嫌う。
④すべてを自分の利益や快適さへの貢献という価値観から発想し、取引をする。自己中心的。
⑤愛はなく、執着のみ。

1章で触れた**「コントロール願望」**（P46、引用9）、つまり人を支配したいという欲望は、「自我」の基本特性のひとつです。葛藤が強いと自我の影響も大きく受けるので、「コントロール願望」も強くなります（P64、2章）。

「自我」を自ら切り離し、相対的に眺められるようになると、「コントロール願望」が薄くなってきます（P46、引用9の解説）。

以上が、私たちが自分でも検知できる「意識層」の説明です。普段は何気なく「自分」と思っている概念を、心理学者が詳しく分析すると、このようにややこしい構造になります。でも、人間の心理は、これにとどまりません。この意識層の背後に、はるかに巨大な、自分では検知不可能な「無意識層」が存在することを、フロイトが発見しました。

以下、その説明に入りましょう。

◎シャドーの投影

彼は、無意識層には抑圧された性欲がモンスターのように巨大に育っていると考え、すべての精神的なトラブルはそれが原因だと主張しました（性欲一元説）。その後、多くの心理学者が「抑圧された死の恐怖」など、性欲以外のいくつかのモンスターを追加しました。

フロイトの弟子の、オットー・ランクは誰しもが母親の子宮を強制的に追い出されたことがトラウマになっていることを発見して**「バース（誕生の）トラウマ」**と名付けました。

「シャドー（影）」というのは、ペルソナを形成するときに「こうあるべきだ」という自分の規範からはみ出した衝動や部分人格が抑圧されて無意識レベルでモンスター化したもので、ユングが発見しました（狭義のシャドー）。自分にとって都合が悪い汚れ物をゴミ箱に放り込んで隠したら、それがごみ箱の中で巨大に膨れ上がった、といった状況を想像してください。

ただし、無意識レベルのモンスターをすべてまとめてシャドーと呼ぶ心理学者もいるのでご注意ください（本書では、これを広義のシャドーと呼ぶことにします）。これは、ごみ箱の中で膨れ上がっているのは、自分が捨てた汚れ物だけではなく、いろいろなものがごっちゃになって膨れ上がり、ドロドロに溶けている、と想像していただけるとイメージがつかめると思います。

この図では5匹のモンスターしか描いておりませんが、実際には誰しもが親との葛藤で生じた親のモンスターとか、いやな上司のモンスターとか無数のモンスターを抱えています。

しかも、それらのモンスターが混然一体となってぐじゃぐじゃに溶け合っているのが実態です。それらはすべて、広義のシャドーに含まれます。

天外が定義したモンスターというのは、広義のシャドーと同じ意味であり、天外が新たな学説を提案した訳ではありません。ただし、「いやな上司のモンスター」など一匹一匹を個別に記述できるところがモンスターという表現の特徴です。


狭義のシャドーは、「こうあってはならない」と自らが否定した衝動や部分人格がモンスター化していますので、とてもネガティブであり、反社会的な傾向もあります。そこからも、ふつふつと衝動が沸き上がってきますが、そのほとんどは意識レベルに上がる前に自動的に抑圧されています。そのとき意識レベルには、漠然たる不快感だけが残ります。

そうすると、その不快感を正当化する何らかの現象を外界に見出そうとします。これを**「シャドーの投影」**と呼びます。「社会はどんどん悪くなってきた」、「最近の若者はなっていない」などと嘆くのは、典型的なシャドーの投影です。平安朝の文献にも、古代エジプトの文献にも「最近の若者はなっていない」という記述があるそうですから、人類ははるか昔から、シャドーを投影して生きてきているのがわかります。

狭義のシャドーは、ペルソナの反作用として形成されますので、**「立派な社会人」**として強固なペルソナを確立した人ほど、シャドーの闇も深くなる傾向があります。

どういうことかというと、宗教家、聖職者、あるいは社会の中で「先生」と呼ばれているような人、指導的な立場にある人などは、普段は「立派な社会人」を演じなければいけません。その反作用として、無意識レベルには強力なモンスターを抱えており、何かの折にそのモンスターが暴れだす危険性を抱えている、ということです。邪悪な面を小出しにしている一般の人より、一見立派な社会人に見える人ほど、じつは危険なのです。高名な政治家や企業のトップが、突然スキャンダルをさらして驚かされますが、一般の人よりシャドーの闇が深いので、本当は驚くことはないのです。

シャドーというのは、自分で意識している自己概念には含まれておらず、その外側に存在します。したがって、それを認めることは自己概念が崩壊する、という錯覚を呼び、「死の恐怖」が呼び覚まされます（これに関しては、このあともう少し詳しく解説します）。

また、狭義のシャドーは「あってはならない」という想いで抑圧した内容なので、必ず嫌悪感を伴います。じつは、一般的にはかなり健全と思われるような衝動でも、抑圧されてモンスター化すると、この嫌悪感に染まってしまいます。

「シャドーの投影」というのは、これらの恐怖感と嫌悪感と共に相手に投影されるので、相手は実態以上に邪悪な存在と認識されます。

社会的に立派な人が、巨大なシャドーのモンスターをひそかに抱えているというのは、人間に化けた狸が、普段は大きな尻尾を上手に隠しているようなものです。何かの折にその尻尾がぽろっと出てしまうようなことがおきます。従来の教育は、そのレベルで「よし」としていたのに対し、天外はそれでは不十分だと主張しています。

新しい教育の地平を切り開いたことで有名な、アレクサンダー・サザーランド・ニイル（1883―1973）は、「もっとも道徳的な教師は、最も残酷な教師でもある」といっておりますが、道徳的であろうと生きている人は、シャドーの闇も深い、ということです。深層心理学を参照すれば、上から道徳を強制することの虚しさがよくわかります。

ニイルは、教育の世界に深層心理学を導入した先駆者ですが、私が進めている教育改革のルーツのひとりでもあります。

◇シャドーによる「戦いのエネルギー」

人類のあらゆる争いや戦いは、必ずこのシャドーの投影が背景にあります。そのときに「こうあるべきだ」というペルソナを自分のサイドに、「こうあってはいけない」というシャドーを相手に投影しているので、必ず「正義の戦い」になります。相手にも同じメカニズムが働いていますので、戦いというのは、必ず「正義」と「正義」がぶつかり、お互いに「悪」を殲滅すべくしのぎを削るのです。世の中、「正義」ほど始末の悪いものはありません。

誰かが「正義の戦い」を仕掛けると、大勢の人が馳せ参じてきます。皆、自らのシャドーを投影する対象を待ち望んでいるからです。イスラム過激派の自爆テロがなかなかなくならないのは、このためです。彼らにとって、それは「正義の戦い」であり「聖戦（ジハード）」なのです。

それまで、様々な葛藤を抱えて鬱々としていた精神が、戦いに参加することによって安定します。

シャドーからこみあげてくる衝動は様々ですが、それを解消しようとする行動は、必ずしも衝動そのものではなく、無意識的に本人が「正義」と思う方向に捻じ曲げられます。ですから、「シャドーの投影」による行動が平和運動や環境運動に向かうことは珍しくはありません。

シャドーによる「戦いのエネルギー」を使って平和運動をする、というのはおかしな話ですが、これが人間の営みの面白いところです。「平和を勝ち取ろう！」というスローガンは、まさにジョークですね。ですから、平和運動家の多くは戦闘的だし、平和運動団体同士はなかなか融和できずにいがみ合っていたりします。「シャドーの投影」に基づく平和運動で、平和が訪れることは金輪際ないでしょう。

「実存的変容」以前の人は、すべてを「正義vs悪」という対立構造で読み解こうとする傾向を強く持っています。

人類史上、最も有名な「シャドーの投影」は、中世の「魔女狩り」でしょう。当時は、キリスト教が抑圧的に社会を支配しておりました。

社会的に、いまよりはるかに高い地位であった聖職者たちは、自分には邪悪な面はあるはずはないと思っていたでしょうし、他人にもそう思わせたがっていたことでしょう。そうして、善い人、聖者のペルソナを育てて、その仮面をかぶって生きていきます。誰でも人間なら邪悪な側面を持っているのですが、それは激しく抑圧され、無意識レベルに強力なモンスターとして育っています。つまり前述のように（P76）、邪悪な面を小出しにしている一般の人より、聖職者の方がはるかにモンスターは強力に育ちます。

そのモンスターからは、ふつふつと衝動が沸き上がってくるのですが、本人には不快感だけしか自覚できず、「世の中がどんどん悪くなってきた」と思い、その要因を悪魔と通じている邪悪の権化、魔女だと断定してしまいました。そして、「あの邪悪の権化を抹殺すれば、この不快感がなくなるはずだ」という錯覚のもとに、魔女を抹殺するための戦いを始める、という構図です。

1486年に刊行された『魔女に与える鉄槌』（ハインリッヒ・クラーマー＝異端審問士）は、魔女を発見する手順や証明の方法が書いてあり、その後の魔女狩りの教科書になりましたが、教皇の序文があり、キリスト教世界全体を巻き込んだ運動に発展しました。

かくして、その後400年にわたって、善良な市民が魔女の汚名を着せられて、神の名のもとに虐殺されるという人類史に残る悲劇が延々と続きました。

心理学者たちは、その他にもヒトラーによるホロコーストや第二次世界大戦後のアメリカで起きた赤狩りなど、いくつかの歴史的な事件を「シャドーの投影」というメカニズムで説明しております。

最近では、闇の勢力が人類を支配しているという「陰謀論」が盛んに主張されていますが、これも「シャドーの投影」として説明できるでしょう。


魔女狩りやホロコーストなどのベースに、「シャドーの投影」というメカニズムが働いていると述べてきましたが、あらゆる争い、あらゆる戦争も背後には「シャドーの投影」のメカニズムが必ず働いています。

このように、明確に殲滅すべき敵がある戦いだけでなく、社会の中でのし上がるための立身出世の戦い、地位、名誉、金、マイホームなどを獲得するための戦い、目標を設定して必死にそれを達成する戦いなどの背後にも必ず「シャドーの投影」があります。

これは、「魔女を殲滅すればこの不快感から解放される」という錯覚の代わりに、「この目標を達成すればこの不快感から解放される」などという錯覚が働く、というメカニズムです。

かくして、魔女を殲滅する戦いの代わりに、その人は社会の中でのし上がる戦いに没入するのです。いまの社会は、このシャドーによる戦いのエネルギーを推進力にしているため、激しい競争社会になっており、争いが絶えない、というのは前に述べたとおりです。

いくら魔女を虐殺しても、あるいは社会の中でどれだけ高くのし上がっても、シャドーがそのままだったら、その不快感は解消しないことはすぐにおわかりだと思います。だから、これらの戦いには終わりがなく、とても虚しい活動になります。

戦っているときだけ精神が安定し、充実感がありますが、目標を達成して戦う必要がなくなると、精神は不安定になります。成功した後、「燃え尽き症候群」に陥るのは、このようなメカニズムによります。

由佐美加子は、**「メンタルモデル」**という概念を導入して、このような人間の営みをさらに詳しく説明できるモデルを提案しました。これに関しては、7章で述べます。

◇「戦いの人生」

2章では、**「葛藤のエネルギーを戦いのエネルギーに昇華」**、**「葛藤は戦いのエネルギーの源なので、先頭に立って戦っていないと精神が不安定になってしまう」**などと書きましたが(P63)、この「葛藤」という言葉を「シャドー」と置き換えると、深層心理学的な表現になります。

また、**社会の指導層はシャドーが強い**、と前に書きましたが（P76）、逆にいうとシャドーの強い人ほど、それを「戦いのエネルギー」に上手に昇華して社会をのし上がっていくのです。ボクシングなどで、よく「ハングリー精神」という言葉が使われます。幼少期に貧乏でつらい体験をしているほど、「なにくそっ！」という反逆精神があり、ボクシングが強い、という意味です。一般には、幼少期に受けた激しい葛藤を、戦いのエネルギーに昇華していると説明されています。これも正確には、葛藤により生じた広義のシャドーのことです。「シャドーのエネルギー」、「モンスターのエネルギー」、「葛藤のエネルギー」などという表現は、すべて同じ内容を表しており、基本的には「戦いのエネルギー」になります。

いま、先進文明国のほとんどの人は、広義のシャドーをモンスター化して、そのエネルギーを使って「戦いの人生」を歩んでいます。

繰り返しになりますが、いまの近代文明国は、争いが絶えることがなく、激しい競争社会が出現しています。それは、ほとんどの人が「戦いの人生」を歩んでいるからです。

でも、そのために文明は進化し、経済は発展し、暮らしは豊かになり、GDPは成長してきました。「実存的変容」を起こした人が増えると、戦わなくなるので、上昇志向が薄れ、経済成長は停滞するでしょう。

日本は、ここ30年ほどGDPが伸びておらず、それを問題視して「失われた30年」などという言葉も聞こえてきます。しかしながら、国民の意識レベルが進化した結果だとすれば、むしろGDPが伸びないことは喜ばしい現象なのかもしれません。

＊＊＊＊＊まえがきで紹介した、F・ラルーのいう「意識の新しいステージ」というのは、この「戦いの人生」を超えて次の意識のレベルに到達した人が増えてきた、それによって彼が「ティール組織」と名付けた新しい組織の運営形態が出現した、という意味です。それを私は「実存的変容」という言葉で表現しました＊＊＊＊＊

以下、「実存的変容」の深層心理学的説明に入ります。

◇「実存的変容」を深層心理学的な視点から解説する

ユングは、フロイトが発見した無意識層の奥底に「**神々の萌芽**」が眠っていることを新たに発見し、「性欲一元論」を称えるフロイトと大論争の末に決別しました。いまでは、ユングの説は広く支持されており、フロイトの「性欲一元説」は乗り越えられました。

ユングのいう**「神々の萌芽」**は、ヒンズー教でいう**「真我（アートマン）」**や、その性質だけを表した仏教の**「仏性（仏になる種子）」**などと、ほぼ同じ概念です。この図では、**「もうひとりの（野生の）自分」**と表しています（注：肉体を持ったがために発生した食欲とか性欲などは、真我などの宗教的な表現からは省かれていますが、これらは抑圧される前は健全な個体生存本能、種族保存本能なので、これらも含めて「野生の自分」として定義しました。本書では、そのような厳密な定義を離れて、わかりやすいように「真我」という言葉を使うことにしましょう）。

この「真我」の基本的な特性が**「無条件の愛（＝普遍的な愛、仏教でいう〝仏の慈悲〟、キリスト教でいう〝神の愛＝アガペー〟）」**です。モンスターが暴れていると、「真我」はほとんど眠っていますが、それでも、この「無条件の愛」はどんな人でも、多少なりとも表に浸み出てきます。

自分の子が危険にさらされると、動物でも人間でも、母親は自らの生命を犠牲にしてでも子を救おうとします。これは間違いなく「無条件の愛」であり、「真我」の特性の発揮です。

「無条件の愛」というのは、人間だけではなく、動物にもあるのです。

上記の「自我の基本的傾向」（P72）で、「自我」には愛はなく執着のみだ、と書きました。恋愛の基本は、「自我」と「性欲」の結合です。

私たちの人生の中で極めて大きな位置を占め、甚大な影響を与え、多くのドラマ、小説、歌、映画の題材になり、誰もが憧れる、甘く、切なく、ロマンチックな恋愛のベースが執着と性欲だ、というのは何とも無粋な話ですね。でも、そのために、恋をすると独占欲が激しく発揮され、嫉妬に苦しむことになります。執着の窮まった状態がストーカーです。

多くの人は、「シャドー」とは正反対の「理想の異性像」を恋愛対象に投影して、激しく燃え上がります。これは相手の実態とはかけ離れたイメージですので、必ず裏切られます。「夢見る恋愛」といってもいいでしょう。

「理想の異性像」というのは「こうあるべきだ！」という「ペルソナ」の延長上にあります。「ペルソナ」と「シャドー」の分離が激しければ激しいほど、その両極端に位置する「理想的で聖なる存在」と「邪悪な悪魔のような存在」を相手に投影する傾向が出てきます。前者が「夢見る恋愛」や「聖者」へのあこがれになり、後者は上で述べたような戦いになります。ともに、「シャドー」の闇が深いことによる病理的な側面です。

ただ、幸いなことにほとんどの人は「真我」が少しは顔を出していますので、執着と独占欲と嫉妬だけではないお付き合い、「夢見」ではない恋愛、「無条件の愛」の要素も、かろうじて出てきます。

「実存的変容」をした人の恋愛は、「無条件の愛」の要素が拡大します。まず、淡々とした恋愛になり、激しく情熱的にはならないでしょう。激しさというのは、「シャドーの投影」による戦いのエネルギーの産物です。

◇アーティストたちの「実存的変容」

ちょっとマニアックになりますが、『エリック・クラプトン：12小節の人生』というドキュメンタリー映画の話をします。

クラプトンはジョージ・ハリソンの妻、パティに激しく恋をして関係を持ちました。その後ハリソンの元に戻ってしまった彼女の気持ちをもう一度取り戻そうとして、狂気のようになって彼女に対する愛を込めたアルバムを制作した、というエピソードが描かれています。ここまで情熱的な恋愛ができる人はそうはいないでしょう。

そのアルバムではパティの気持ちは戻らなかったのですが、やがて、ハリソンとの関係が悪化してパティはクラプトンのもとに来ます。クラプトンにしてみれば、ようやく長年の想いがかなったことになりますが、どうしたわけか、この結婚はほどなく破綻してしまいます。

やはり、「シャドーのエネルギー」がベースの激しい「夢見る恋愛」だったといえます。パティが人妻であった時には、クラプトンは勝手に**「理想の異性像」**を投影して、（本人ではなく）そのイメージと激しく恋をしたのです。毎日顔を突き合わせるようになると、生身のパティが見えてしまい、「理想の異性像」とのギャップに幻滅した、というストーリーです。

映画の中でもクラプトンが、「遠くに眺めていた時が良かった」とそれに類する述懐をしています。パティには何の落ち度もなく、「理想の異性像」には程遠い、生身の人間だったというだけの話です。恋をするのも、幻滅するのも、まったくクラプトンのひとり相撲です。これが、シャドーが強い時の典型的な恋愛のパターンです。読者の中にも類似の恋愛経験をお持ちの方が多いと思います。

まったく同じことが、「聖者」への崇拝でも起こります。「理想の人間像」を投影してあこがれるのですが、やがて生身の人間に接して幻滅する、というパターンです。これに関しては、拙著『日本列島祈りの旅1』（ナチュラルスピリット）に詳しく書きました。「聖者」がすでに死んでいれば、幻滅のしようがないので、「理想の人間像」への信仰として継続されます。いま、人々が抱いているキリストや仏陀のイメージは、投影された「理想の人間像」です。

心理学の教科書にはネガティブなイメージを投影して戦う、「シャドーの投影」の話しか書いてありませんが、「理想の異性像」、「理想の人間像」などのポジティブなイメージを投影して幻滅する、というパターンもあるのです。ネガティブなシャドーの存在の反作用として、ポジティブなイメージの投影が起きるので、要因は同じ**「分離」**です。

「理想の異性像」、「理想の人間像」などは、ユングの定義では「元型」に含まれるので、**「元型の投影」**と呼ぶことにしましょう。(注)

注：ユングは「理想の異性像」、「理想の人間像」などを、人類が共通的に保有している認識パターン**「元型**（アーキタイプ）」の中に含めています。心理療法の場で、クライアントが自分に対する影響が強かった人のイメージをセラピストに投影することを「転移」といいます。恋愛感情に発展するケースも多くあります。フロイトもユングも「転移」を積極的に治療に使いましたが、フロイトが現実に影響を受けた人の「転移」だけを認めていたのに対して、ユングは「元型」の「転移」まで範囲を広げました。クラプトンの恋愛は心理学的に表現すると、「元型」のひとつである「理想的な異性像」をパティに投影した、ということになります。

クラプトンの場合には、その後別の女性との間に生まれた4歳の息子がビルから転落死するという、とんでもない悲劇に見舞われますが、それを契機に「実存的変容」を遂げたと思います。それが何でわかるかというと、「Tears in Heaven」という曲からです。子どもの死という人間として極限に近い悲しみの中で、悲しみを直接表に出さないで、このような静かで深みのある歌が書けた、ということは「実存的変容」の証拠です（歌詞はネットで簡単に調べられますので、ぜひご覧ください）。

「実存的変容」に達すると、独占欲や嫉妬が少なくなってくるので、相手が他の異性と付き合っていてもさほど気にならなくなるでしょう。お互いに異性遍歴が多かった、哲学者のサルトルとボーボワールの関係が思い浮かびますが、彼らがその時嫉妬しなかったかどうかは、私は知りません。

また「実存的変容」に達すると、愛は「性愛」と「執着的な愛」だけではなく、普遍的な「真我の愛」、つまり「無条件の愛」の比率が高くなってきます。そうなれば、性欲が衰えた老年期になっても、素晴らしい関係性が維持できるでしょう。

２０１９年３月17日に肺炎で死去した内田裕也さん（享年79）のお別れの会「内田裕也Rock'n Roll葬」が４月３日、東京・青山葬儀所で営まれました。
喪主を務めた長女のエッセイスト内田也哉子（43）の謝辞から一部引用します。

……母は晩年、自分は妻として名ばかりで、夫に何もしてこなかったと申し訳なさそうにつぶやくことがありました。「こんな自分に捕まっちゃったばかりに」と遠い目をして言うのです。そして、半世紀近い婚姻関係の中、おりおりに入れ替わる父の恋人たちに、あらゆる形で感謝をしてきました。私はそんなきれい事を言う母が嫌いでしたが、彼女はとんでもなく本気でした。まるで、はなから夫は自分のもの、という概念がなかったかのように……

この謝辞から、樹木希林は明らかに「実存的変容」に達しており、決してきれいごとをいっていたのではないことがわかります。

◇世の中全体が「実存的変容」に向かっている

いま、恋愛を例にとって「実存的変容」前後の違いを述べました。これは恋愛だけでなく、人生のすべてに当てはまります。

手塚治虫は、『鉄腕アトム』を書いている頃には、「正義vs悪」というパターンにとらわれていましたが、『火の鳥』ではそのレベルを超えています。おそらく、その間に「実存的変容」を遂げたのだと思います。

宮崎駿の作品は、最初から「正義vs悪」というパターンを超えているように見受けられます。おそらく「実存的変容」を超えておられるのでしょう。

いまはまだ、圧倒的に「実存的変容」以前の人が多いので、「スーパーマン」や「スパイダーマン」などのように勧善懲悪の「正義vs悪」というパターンの作品の方が売れると思います。ハリウッドはいまだにそのパターンに大きくとらわれています。

しかしながら、『火の鳥』や宮崎駿作品が好まれるということは、**世の中全体が「実存的変容」に向かって動いている証拠**でしょう。

＊＊＊＊＊「実存的変容」というのは、モンスターのエネルギーを使って生きてきた「戦いの人生」から脱却し、「真我のエネルギー（無条件の愛）」が使える人生へと変容することです＊＊＊＊＊

モンスターが暴れて激しく戦っているときには、「真我」はほぼ眠っています。熟睡はしていないまでも、「真我」がまどろんでいる、という人が多いでしょう。葛藤を解消して、モンスターが少しおとなしくなると、「真我」がようやくはっきりと目を覚まして活動を始めます。

＊＊＊＊＊葛藤を解消することが、「実存的変容」へのひとつの道です＊＊＊＊＊

天外塾で塾生の葛藤の解消のお手伝いをしていると、いままで激しく戦って経営してきた経営者が、葛藤が解消してしまうと戦えなくなるのではないか、と不安になることがあります。たしかに葛藤のエネルギーは激しく強力であり、葛藤の解消によってそれは弱くなります。

でも心配には及びません。**「真我のエネルギー」**は、それほど激しくはなく、戦いには向かわないので、ちょっと頼りないように思えますが、じつはとても粘り強くしっかりしています。戦わなくなる分、効率が上がり、スムースになります。

◇旧来型のオレンジ型運営から変容できない大企業

葛藤にもとづく「モンスターのエネルギー」は自らを戦いに奮い立たせるだけでなく、周囲の人たちも戦いに巻き込みます。経営者の場合には、全社が目的に向かって一丸となって戦う「**オレンジ型運営**」になることが多いでしょう。うまくいけば、目的は達成され、売上・利益は伸び、会社は大いに繁栄します。

売上・利益だけを大切にするのなら、このように「ハングリー精神」を発揮して、思い切りモンスターに暴れさせる方法論がとても有効です。いままでの経営学は、合理的に効率を追求し、売上・利益の向上を目指してきましたが、その合理性の背後には、このような深層心理学的な構造があります。

でも、売上・利益がしばらくの間伸びたとしても、社員たちが戦いに疲れてきたら激しい戦闘状態を維持するのは無理になります。そうすると、長い目で見ると結局は売上・利益も落ちて行くかもしれません。

F・ラルー『ティール組織』の画期的なところは、このような経営学の流れの中に人類の進化という視点を導入したことです。人類が進化すると、少しずつ葛藤が弱まり、戦いが苦手な人が増えてくるでしょう。そうだとすると、今後、戦いが主流のオレンジ型組織運営にはなじめない若い人が増えてくることが予測されます。

いま、日本を支えてきた大企業のほとんどはオレンジ型の組織運営をしてきました。いままでは、それで十分に売上・利益を上げることができましたが、人類が進化してくると次第に就職人気が衰え、あるいは入社したとしても戦いに疲れてしまう社員が増えてくるでしょう。

経営者の間で、「最近の若者は根性がない」、「軟弱だ」という声がよく聞かれます。たしかに若者は、その経営者ほど葛藤が強くなく、激しい戦いには向かないかもしれません。でもこれは、むしろ人類が進化している証拠と考えられます。

大企業の巨大組織を変容させるのは容易ではありません。これからの日本は、変容できなかった大企業が次々に倒産していくという悪夢も覚悟しなければいけないのかもしれません。あるいは、いま大企業で激増している鬱病の問題や、シャープや東芝のケースは、その前兆だったのか、という懸念もあります。

◇グリーンの組織でも鎧をまとっている

グリーン型組織運営の場合には、オレンジほど戦いの要素は強くはありません。むしろ、協調や仲間意識が大切にされています。しかしながら、ともすると無意識レベルのモンスターをそのままにして、「やさしく、協調的で、仲間を大切にし、争わない」という装いをまとっているケースが散見されます。オレンジが鉄の鎧をまとって戦っているのに対し、グリーンは真綿の鎧をまとっているのです。真綿のあたりは柔らかいのですが、自分を守る鎧であることには変わりなく、素の自分を隠しています。

＊＊＊＊＊「実存的変容」というのは、モンスターがおとなしくなって真我のエネルギーが使えるようになることですから、もう鉄の鎧も真綿の鎧も不要になり、素のままで堂々と生きていけるようになります＊＊＊＊＊

『ティール組織』でF・ラルーは、そのことを**「全体性」**という言葉で表現しています。

「全体性」に関しては、8章をご覧いただくと、より深い理解が得られると思います。ここでは、1章に引き続いてF・ラルー『ティール組織』からの引用で説明に替えます（以下でも同様な引用を用いますが、単に**引用**と記します）。

引用13：組織とは常に（中略）人々が「仮面」をつける場所だった。（中略）
ほとんどの職場では、情緒的、直感的、精神的な部分を表に出すことは歓迎されず、場違いとされる。（238P）
進化型（ティール）組織の第二の突破口が開け、全体性（ホールネス）を取り戻そうとする私たちを支える空間ができあがる。（中略）
全体性（ホールネス）を得られれば、人生は充実したものになるだろう。（239P）

◇「死の恐怖」を味わうと「実存的変容」を起こしやすい理由

2章で、重篤な病気になると「実存的変容」を起こしやすくなると述べましたが、その原理をお話ししましょう。

「実存的変容」というのは、姿かたちは変わりませんが、精神的には、まるで蛹が蝶になるような変容です。そうすると、いままでは自分は蛹だと思っていたわけですから、蛹が死ぬのではないか、という怖れが出てきます。

文明人のほとんどは、死から目を背け、あたかも死などないかのように暮らしています。これは心理学的には**「死の恐怖」**を抑圧していることになります。あらゆる衝動は、抑圧することにより無意識レベルでモンスターに化けることが知られています。

したがって、ほとんどの文明人は無意識レベルに巨大な「死の恐怖」のモンスターを抱えて生きている、といってもよいでしょう。これは、言葉を変えるとモンスターに支配されている人生です。その状態にあるときには、蛹は死の恐怖は乗り越えることができずに急ブレーキをかけてしまいます。かくして、その人は「実存的変容」をし損なうのです。

癌で「あと3カ月」などといわれると、本人は「死の恐怖」が突然出てきたように思いますが、実態はどうかというと、無意識レベルに巨大なモンスターとして隠れていた**「死の恐怖」**が等身大になって目の前に現れただけです。

モンスターに比べると、等身大の死の恐怖は乗り越えやすいので、何十人かにひとり「実存的変容」を起こします。

名経営者といわれる人が、往々にして重篤な病気を乗り超えた経験をお持ちなのはこのためです。死病といわれたころの結核を経験された、稲盛和夫さん、塚越寛さん（伊那食品工業）、末期癌から生還された川畑保夫さん（沖縄教育出版）などがその例です。『人間性尊重型大家族主義経営』（内外出版社）の共著者、西泰宏さん（西精工）も、会社に戻ったとたんに重い腎臓病で1年間休職されていますので、そのひとりでしょう。

病気にならなくても、倒産、リストラ、離婚、大切な人の死などは、心理学的には**「疑似的な死」**であり、やはり「死と直面」して「実存的変容」をするチャンスです。第3回ホワイト企業大賞を受賞された、ダイヤモンドメディアの武井浩三さんは、最初に起業した会社で倒産を経験されており、このケースだと思われます。

前述のクラプトンの場合にも、最愛の息子の死で「疑似的な死」を体験し、「死と直面」

できたのだと思われます。

本書は、重篤な病気や倒産や大切な人の死を経験しなくても「実存的変容」に向かえるように、成長を希望する人のためのガイドラインとして企画されました。本章では、「実存的変容」そのものの深層心理学的説明にとどめますが、「実存的変容」をした人の特徴は、8章で詳しく述べます。

4章

「実存的変容」への道のり

人は「おぎゃあ」と生まれ、どんどん大きくなり、やがて老いて死んでいきます。それと同じように、意識も一定のパターンで成長・発達します。ただひとつ違う点は、意識の成長・発達は身体とは違い、社会の状況の影響を大きく受けることです。

F・ラルー『ティール組織』のサブタイトルにあるように、人類はいままさに**次のステージの意識レベルに移行**しようとしております（まえがき参照）。前述のように、本書ではその移行を**「実存的変容」**と呼んでいるわけですが、社会の中にそのお手本はほとんどなく、人々にとっては未知の変容になります。

いまの社会は、その直前まで達している人は大勢いますが、そこでほとんどの人が足を止め、次の一歩を踏み出せないでいます。蛹《さなぎ》が蝶になる未知の大変容を予感して不安になり、立ちすくんでいる、といった感じでしょうか。

本章では、その不安を軽減するために、人の意識の成長・発達のパターンを詳しく述べ、「実存的変容」の実態を深層心理学から解き明かしていきましょう。

「実存的変容」の直前で立ち止まってしまう最大の理由は、お手本がないことですが、じつはもうひとつ重大な理由があります。それは、ほとんどの人が幼児期から叩き込まれ、それしかないと思っている、成長のための方法論がまったく通用しないことです。

それは、**「目標をしっかり持ち、それに向かって必死に努力する」**という方法論です。これは「意識の変容」には、まったく役に立ちません。

「意識の変容」というのは、前述のように、姿かたちは変わりませんが、精神的には「蛹」が「蝶」になるようなものです。「蛹」の時代に立てた目標に向かって、いくら努力しても「でっかい蛹」にはなれても「蝶」にはなれません。「努力する」というのも力が入る感じですが、「変容」はむしろ力を抜くことが求められます。努力とは正反対なのです。

「変容」のための方法論として参考になるのは、禅の「只管打坐（悟りを開きたい、涅槃に入りたい、いい瞑想をしたいなどの目的意識を離れて、ただひたすら坐れ、という教え）」、あるいは浄土宗、真宗の「他力本願（一切の目的意識を離れて、努力も忘れ、ひたすら阿弥陀如来にゆだねなさい、という教え）」などです。

どちらかというと、いままで世の中で当たり前と思われてきた方法論や常識はすべて邪魔になります。むしろ、瞑想、ヨーガ、気功、宗教的修行などが支えになります（P43、1章、引用7）。

本書では、「実存的変容」に向かうための特別の瞑想ワークをいくつかご提案しています（6

章、7章)。

個人の意識の変容と、社会(集団)の進化は密接に関連しており、どちらか一方だけをとらえても実態は見えてきません。その関連を組織のレベルで読み解いたひとつの例が、F・ラルー『ティール組織』です。個人の意識が進化することにより、次々に新しい組織運営形態が生まれてきましたが、同時に組織が進化すると、そのレベルまでは構成員を自動的に引っ張り上げる力学が内部で働くのです。そのどちらかだけを一方的に主張すると、実態を見損なう恐れがあります。(注)

天外は、長年にわたって社会の進化と個人の変容の関連を読み解こうとしてきました。ご興味がある方は、天外伺朗・山折哲雄・佐治晴夫・湯浅泰雄・吉福伸逸・共著『心の時代を読み解く』(飛鳥新社、2002年)、天外伺朗著『深美意識の時代へ』(講談社、2002年)、天外伺朗著『GNHへ』(ビジネス社、2009年)などをご参照ください。

個人の意識の成長・発達を考えるとき、前章で述べた「自我」の発生がとても重要です。「自我」を中心にした意識の段階は、**「初期自我」**、**「中期自我」**、**「後期自我」**、**「成熟した自我」**

の4段階が定義されています。この4段階を、K・ウィルバーは「**個のレベル**」と呼んでいます。それ以前の発達段階を「**前個**」、「自我」を超越して仏教でいう「悟り」の方向に向かう発達段階を「**超個**」と呼んでいます。

「後期自我」から「成熟した自我」へ移行するのが「**実存的変容**」です。本書では、「前個」のレベルの成長・発達に軽く触れて、「**個**」のレベルを詳しく見ていきましょう。

◇意識の階層構造の是非

最近では、このような意識の成長・発達の階層構造に関して、ひとりの人間をひとつの階層に当てはめるのは無理がある、ということから細かい領域ごとの成長・発達を見たり（P108のコラム記事のK・ウィルバーの説参照）、階層構造そのものを否定する議論もあります。

確かに、階層構造を提示することの弊害もあります。たとえば、文明国が未開地に侵略するとき、先住民を動物に近い野蛮人とみなして残虐の限りを尽くしました。傲慢にも、自分

注：P・センゲの組織論『学習する組織』（英治出版）などは、どちらかというと後者だけを強調しています。

たちが進化しているという優越性を信じ込んでいたのですね。いまでもそのメンタリティーは消えていません。

文明や社会体制の進化に関しても、多くの人が近代文明社会を頂点だと誤解しております。でも、アメリカ建国の歴史をちゃんとひも解くと、民主主義のルーツはギリシャではなく、アメリカ・インディアンのイロコイ五部族だったことが分かります（天外伺朗『GNHへ』、ビジネス社）。

階層構造を直線的に進化してきたと考えると、多くの事実を見逃してしまいます。

しかしながら、上記4階層に関しては、「**超自我**」、「**依存**」、「**シャドー**」などの深層心理学ですでに確立している概念をベースにしておりますので、少なくとも「**参照モデル**」としては成立していると思います。ひとりの人間が、そのどれかの階層に全面的に属しているかというと、必ずしもピッタリは当てはまりませんが、私はそれをOS、あるいは人間としての土台に相当する「**主軸的発達段階**」と、アプリに相当する個別の能力に分けることにより説明しております（コラム記事参照）。

まず、その全体像を図示しましょう。

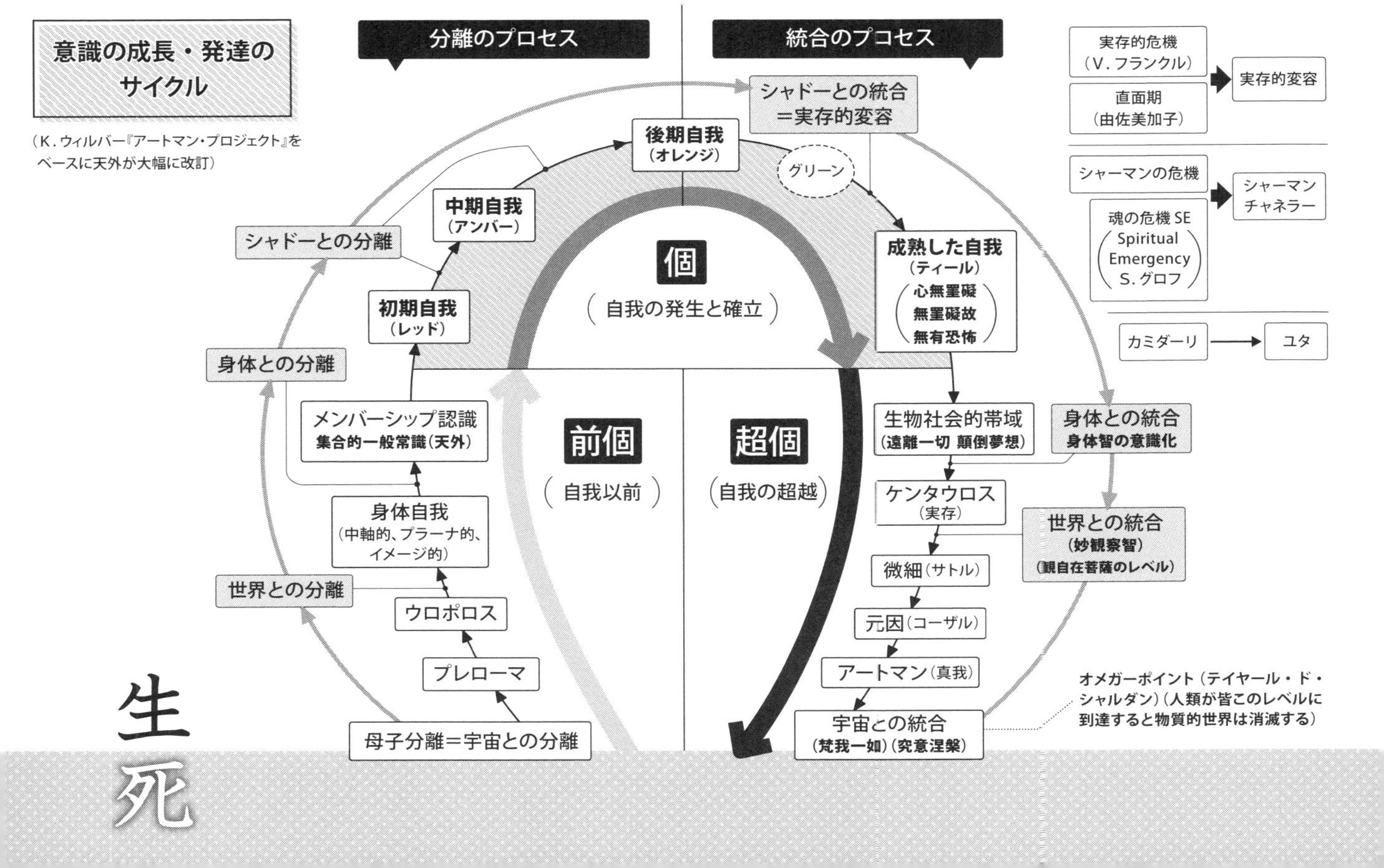

意識の成長・発達のサイクル
（K.ウィルバー『アートマン・プロジェクト』をベースに天外が大幅に改訂）
分離のプロセス
統合のプコセス
母子分離＝宇宙との分離
プレローマ
ウロボロス
世界との分離
身体自我
（中軸的、プラーナ的、イメージ的）
メンバーシップ認識
集合的一般常識（天外）
身体との分離
初期自我
（レッド）
シャドーとの分離
中期自我
（アンバー）
後期自我
（オレンジ）
グリーン
シャドーとの統合
＝実存的変容
成熟した自我
（ティール）
心無罣礙
無罣礙故
無有恐怖
個
（自我の発生と確立）
前個
（自我以前）
超個
（自我の超越）
生物社会的帯域
（遠離一切 顛倒夢想）
身体との統合
身体智の意識化
ケンタウロス
（実存）
世界との統合
（妙観察智）
（観自在菩薩のレベル）
微細（サトル）
元因（コーザル）
アートマン（真我）
宇宙との統合
（梵我一如）（究意涅槃）
オメガーポイント（テイヤール・ド・シャルダン）（人類が皆このレベルに到達すると物質的世界は消滅する）
実存的危機
（V.フランクル）
直面期
（由佐美加子）
実存的変容
シャーマンの危機
魂の危機 SE
Spiritual
Emergency
S.グロフ
シャーマン
チャネラー
カミダーリ
ユタ
生
死

意識の成長・発達に関する詳しい解説（本文の説明の補足）

ここでご紹介するのは、K・ウィルバーの意識の発達モデルのうち、比較的初期の表現です（K・WⅡ、『アートマンプロジェクト』より）。このモデルは、実際に観察される意識の発達とはかなり違うという批判が起こり、彼はその後使っていません。その批判に応えるため、K・ウィルバーは発達の段階構造を全人的に議論するのではなく、12の細かい発達領域（ライン＝たとえば、認知機能、心の知性、倫理的知性、身体的知性、精神的知性…など）に分け、それぞれの領域ごとに異なる発達段階をたどるという主張に替えました。

K・ウィルバーはその後、個人の内面・外面、社会（人間集団・組織）の内面・外面などの4つの象限が相互に大きく影響しあっていることから、そのひとつだけにとらわれるのではなく、4つの象限を同時に検討すべきだ、と主張しました。そのひとつの成果が、F・ラルー『ティール組織』だといえるでしょう。K・ウィルバーは、これと上記の領域別発達モデルと合わせて「インテグラル理論」として壮大な構図の体系化をはかりました。

たしかに、実際に宗教的な修行者などを観察すると、ある領域はものすごく発達したのに、他の領域は未発達、ということはよく起こっており、領域別発達モデルは妥当性があります。

しかしながら私は、12の領域を均等に見るK・ウィルバーの説を少し発展させて、PCでいうならばＯＳとアプリにわけて考えています。ＯＳに相当するのが、その人の人間的な土台である**主軸的発達段階**であり、チャネリング（何者か見えない存在とつながって、未知の情報を獲得する）能力や法力（祈祷で病気を治すなどの宗教的力）、超能力などといった個別の能力がアプリに相当します。

「超個」のレベルに相当するアプリを獲得したからといって、その人のＯＳに相当する主軸的発達段階が「超個」に達したわけではないのです。ＯＳではハンドリングできないアプリを獲得すると、**「魂の危機＝Spiritual Emergency（S・グロフ）」**が到来し、統合失調症と同様な症状が現れます。そのＯＳ（主軸的発達段階）を論じるときに、Ｋ・ＷⅡはとても都合がよいので、復活させました。

もうひとつＫ・ＷⅡを採用した理由は、「初期自我」、「中期自我」、「後期自我」、「成熟した自我」の範囲に限れば、これはＫ・ウィルバーの学説というよりは、フロイト、ユングなどの古典的深層心理学そのものであり、用語の使い方を含めて、前章の説明と整合性が良いからです。

また、「超自我」、「依存」、「シャドー」などの深層心理学的メカニズムにより個人の意識の発達を説明できるという利点があります。

本書で記述する「初期自我」、「中期自我」、「後期自我」、「成熟した自我」などは、R・キーガンの成人発達理論の発達段階2（利己的段階・道具主義的段階）、発達段階3（他者依存段階・慣習的段階）、発達段階4（自己主導段階）、発達段階5（自己受容・相互発達段階）などと、それぞれ、ほぼピッタリ対応しております。おそらく、R・キーガンもK・WⅡをベースにしたと私は見ています。

『ティール組織』やスパイラル・ダイナミクスも基本的にはK・WⅡがベースになっていますが、段階の数を少し増やしております。前述の図で点線に囲まれた「グリーン」がそれです。

本書では、超個のレベルの説明は省略しておりますが、**「生物社会的帯域」**というのは前個の「メンバーシップ認識」で獲得した、その社会特有の認識様式を手放すレベルです。認識様式は、ある意味ではその社会の中で暮らすためのパスポートでしたので、それを手放すと人によっては精神が不安定になります。般若心経では、手放すことを**「遠離《おんり》一切《いっさい》顛倒《てんどう》夢《む》想《そう》」**と表現しています。

さらには、前個のレベルで一旦は分離した身体と統合します。人間の身体は、意識レベルでは検知できていない様々な情報をキャッチしており、それを**「身体智」**と呼んでおります。手に持った物質が毒なのか薬なのか、薬の適量はどのくらいなのか、身体は知っています。「O－リングテスト」などの「身体智」を調べる手法で探る方法論は、すでに医療の世界に深く入り込んでいます（天外伺朗著『無分別智医療の時代へ』内外出版社）。
身体と統合すれば、「身体智」は意識化されます。そうすると、医者が診断して薬を処方する、というプロセスは不要になります。自分で全部わかってしまうからです。

図で**「世界との統合」**というのは、仏教でいう**「妙観察智《みょうかんさっち》」**に相当します。観察対象と一体感が得られる意識のレベルです。仏教（顕教）では菩薩というのは、悟りに至るステップを象徴していると教えていますが、このレベルを担当するのが観自在菩薩（観世音菩薩）です。
「宇宙との統合」は仏教では**「梵我一如《ぼんがいちにょ》」**といいますが、これが**「究竟涅槃《くきょうねはん》」**です。「人類がすべてこのレベルに達すると、物質的な宇宙は消滅する」と、フランスの哲学者、ピエール・テイヤール・ド・シャルダン（1881–1955）が説いています。それを**オメガーポイント**といいます。

◇人間の意識の成長・発達

さてここから、人間が誕生してからどのように意識が成長・発達していくのかを順番に見ていきましょう。

赤ちゃんが「オギャー」と誕生すると、両親は大喜びをしますし、周囲もお祝い一色に包まれますね。ところが本人にとっては、母親との悲しい別離になります。これが3章で述べた**「バーストラウマ」**の大元であり、人間が経験する最初の**「分離」**です。

アメリカ・インディアンには、誕生により母親との大切な絆である「へその緒」を切られてしまうけど、今度は「母なる大地」と呼吸でつながりなさい、という教えがあります。呼吸が新しいへその緒になり、吐く息で自分の想いを「母なる大地」に伝え、吸う息で彼女の想いを受け取るのだそうです。

これは、詩的で象徴的な表現ですね。前章の堅い深層心理学とはちょっと趣が違いますが、インディアンがすべての生命の源と考えている「母なる大地」への**「統合」**を説いており、「実存的変容」へ向かうための、ひとつの方向性を示唆しています。

人は、生まれてから次々と「分離」を重ねることで成長をしていきます(以下で述べます)。その**「分離」**のプロセスがはじめて反転し、**「統合」**のプロセスに向かうのが「実存的変容」なのです。

それ以降、意識が成長・発達し、最終的に仏教でいう「悟り（究竟涅槃《くきょうねはん》）」の方向に向かうのは、すべて「統合」のプロセスになります。最終的な「悟り」の境地というのは宇宙全体との「統合」（梵我一如《ぼんがいちにょ》）なのだと宗教では説いていますが、ちょっと私たち凡人の想像を超えており、本書ではコラム記事（P108）におけるわずかな説明にとどめます。

「分離のプロセス」から「統合のプロセス」にかわる変曲点が「実存的変容」なのです。

多くの人が、「実存的変容」のことを「分離」から「統合」へ、と呼んでいますが、その背後にはこのような理由があります。

「実存的変容」というのは、「悟り」に向かう道のりの中のひとつの大きなステップですが、「悟り（究竟涅槃）」よりもはるか手前ですので、混同しないようにお願いします。

◇「分離」のプロセス

さて、それでは誕生の「母子分離」から始まる「分離」のプロセスを説明します。随所で、F・ラルーが『ティール組織』で提案した階層構造との対応を示します。F・ラルーは、人類社会の発達の歴史から、この階層構造を提起しており、本書は幼児の意識の成長・発達を扱っており、その対応を論じることに疑問を抱かれた方も多いと思います。

じつは、人類のとても長い年月をかけた意識の進化の歴史と、個別の人間が一生の間に成長し、発達するプロセスが、まったく同じ階層構造をたどるというのが、K・ウィルバーやF・ラルーなどの多くの論客の共通認識なのです（まえがき参照）。

これは、突っ込もうと思えばいくらでも突っ込めるポイントです。本書で扱うのはフロイトやユングなどが精神病理の視点から見て、解き明かした幼児の発達であり、知能の発達の視点で見たJ・ピアジェの幼児発達論とでさえ、かなり違います。ましてや、歴史学者や社会学者たちが説いている人類の進化のプロセスを、個人の一生における意識の成長・発達と十把一からげに同じ階層構造で論じるのは大胆な発想です。

しかしながら、驚くほどの類似性があることも確かであり、細かい差異に目をつぶって、あらゆる学問の成果を統一的に論じたK・ウィルバーの功績を称えるべきでしょう。

本書では、人間が個人として、生まれてから死ぬまでの意識の成長・発達と、長い年月をかけた人類の意識の進化、社会の進化、F・ラルーが論じた組織の進化などが、参照モデルとしては、すべて同じ階層構造をたどる、という前提でお話しします。
本書は、その中でも深層心理学的な要因を重視しております。F・ラルーは現象面から見て組織を分析しましたが、要因になっている深層心理学的な分析は、それを真逆から見る感じです。(注)

幸いにも、1964年にソニーに入社してから55年もの年月を重ねていますので、その間の人々の意識の進化も、組織の進化も実体験としてお話しできます。歳を取っているからこそ貢献できることもあるようです。

ソニーという比較的進化した企業に42年も所属していたおかげで、実質的な「ティール」も体験し、「グリーン」、「オレンジ」、「アンバー」の部署もしっかりと体験してきております。F・ラルー『ティール組織』を読みながら、それぞれの上長の顔が浮かび、ニタニタと笑いがとまりませんでした。ソニーくらいの規模になると、会社全体ではなく、上長の意識レベルが組織の階層を決めることは、まず間違いありません。

注：同じように真逆から眺めた別の例として、このあと7章で、心理学でいう「シャドー」を、発生要因から読み解いた「モンスター」（天外伺朗提案）と、真逆の現象面から読み解いた「メンタルモデル」（由佐美加子提案）の違いについて述べます。

当時はつらかった体験（5章）も含めて、とても素晴らしい会社生活が送れたと思います。これほどバラエティーに富んだ経験を積んだ人はそうはいないでしょう。

さて、へその緒を切られてしまった赤ちゃんですが、当初は母親と分離したことに気づいていないようです。まだ「個」という概念が発達しておらず、意識は子宮の中にいた時と同じです。何週間か経つと、次第に自分が母親とは違う個体であることにおぼろげながら気付いてゆきます。この時の赤ちゃんのショックは極めて大きいのではないか、と心理学者たちは述べております。バーストラウマは、そのショックを指します。

胎児にとっては、**母親の子宮が全宇宙**でした。母親との「分離」は、**全宇宙から自分が分離したという感覚**（それが「個」ということです）をもたらします。これが、あらゆる「分離」のルーツです。

私は、それを「セパレーション感覚」と呼んできました。人生で体験する、あらゆるトラブルは「セパレーション感覚」に起因する、といってもいい過ぎではないでしょう。

幼児は、「いないいないばあ」でキャッキャッと喜びますね。なぜ喜ぶかというと、この頃は見えている範囲だけが世界だと思っているからです。顔を隠すという概念がなく、世界からその人がいなくなったと感じており、世界にまたその人が突如現れるのが面白いのです。
これを「世界と自分が未分化」の状態、といいます。母親との「分離」の次に、「世界との分離」が起き、あの人は世界からいなくなったのではなく隠れただけだ、ということを学びます。そうすると、もう「いないいないばあ」では喜ばなくなります。

2、3歳になると、「個」の感覚が生まれてきて、親のいうことを次第に聞かなくなります。一般には「第1反抗期」などと呼ばれていますが、心理学者たちは「自我」の芽生えだと解釈しております。この時の「自我」は、まだ身体と一体であり**「身体自我」**と呼ばれています。

それから幼児は、属する集団の集団的な認識様式を獲得していきます。この段階を**「メンバーシップ認識」**といいます。どういうことかというと、世界を認識する様式が、例えば日本社会とアフリカのマサイ族とはまるで違っており、客観的に正しい認識などは存在しないという説です。幼児は知らず知らずのうちに自分が属する集団の認識様式を獲得するといいます。

細かく分析すると、これだけ人が行き来している日本社会とアメリカ社会でも、認識様式の差異は観察されます。たとえば、22口径のピストルで撃たれても、アメリカ社会では頭か心臓に当たらない限りまず死にませんが、日本では急所を外れていても死ぬケースが多いそうです。日本では、ピストルで撃たれたら死ぬ、と人々は思っているのです。

こういう現象を、私は**「集合的一般常識」**と呼んでいます。事実にもとづいて常識があるのではなく、常識があることにより現実が起きる、という側面もあるのです。詳細は、拙著『無分別智医療の時代へ』（内外出版社）をご参照ください。

この段階までを「前個」の領域と呼んでおります。

三番目の「分離」は、大人と同じように身体から分離した「自我」を獲得し、自分の身体を客観的に観察することを学びます。ここから幼児は、「個」の領域に入っていきます。「個」の領域の最初の段階を**「初期自我」**と呼びます。無意識から湧き上がってくるさまざまな原初的な欲求や衝動（フロイトのいうイド＝3章参照）が、そのまま行動に直結します。このころは、「エゴ丸出し」になりますが、幼児ならそれは許されますね。

大人になっても意識は「初期自我」から成長できていない人もいます。エゴ丸出しなので、嫌われ者か犯罪者になっている人も中にはいるでしょう。

F・ラルーは、この段階を**「レッド（衝動型）」**と呼んでいます。

引用14：「俺はこれを欲しい。だからいただく」という衝動的な行動パターンに立脚している（P32）

自分の欲求を衝動的に満たそうとする状態をうまく抑えられるような慣行や仕組みを習得すると、衝動型（レッド）から順応型（アンバー）に移行する。（P74）

やがて幼児は7歳くらいになると、親のしつけなどから「倫理観・道徳観」を獲得し、「超自我」を形成します。上記引用14で、**「自分の欲求を衝動的に満たそうとする状態をうまく抑えられるような慣行や仕組みを習得する」**というのが、それに相当しますが、フロイトは、慣行や仕組みというよりは、心理学的なメカニズムとして「超自我」を定義しています。

「超自我」が確立されたレベルを**「中期自我」**といいます。イドからの欲求や衝動が「超自我」によりコントロールされるので、そのまま行動に出ることが少なくなり、幼児は親や大人の期待通りの「ペルソナ」を形成します。そして大人の世界に受け入れられ、愛される存在になります。

F・ラルーは、この「中期自我」のレベルを、**「アンバー（順応型）」**と呼んでいます。

「初期自我」から「中期自我」への移行は、表面的に見ると明らかに成長であり、誰しもがよく育ってきた、と思います。ところが、ここで決定的な4番目の「分離」が起きます。

それは、「超自我」のコントロールによって、親の期待に添うべくせっせと形成してきた「ペルソナ」からはみ出した「こうあってはいけない」という衝動や部分人格が抑圧され、無意識レベルに蓄積していくからです。これが、初期の「シャドー」です。

幼児期の「シャドー」は、まだ可愛らしい、小さなモンスターですが、毎日々々すさまじい勢いで抑圧が起きますので、どんどん巨大に育っていきます。かくして、3章で詳しく説明した**「ペルソナとシャドーの分離」**が起きます。本書の表現では、**「自己意識とモンスターの分離」**ともいえます。

その後もモンスターたちは育ち続けますので、結局3章で述べたように、ほとんどの人は「モンスターに支配された人生」になります。

＊＊＊＊＊**「実存的変容」というのは、モンスターの支配から逃れて、自分の人生を取り戻すことです**＊＊＊＊＊

「中期自我」のレベルは、まだ「超自我」が自分のものになっていません。親や大人の世界の価値観がすべてであり、それに抵抗できない状況です。幼児は大人の世界に対して、被保護、服従、依存などの関係を保っています。

大人になっても、依存関係から脱却できない人は結構多いと思います。パートナーや指導者に依存しているうちはまだいいですが、新興宗教の教祖などに依存すると、ちょっと危険ですね。これらは、大人になっても「中期自我」の特性が表に出ています。

明治生まれの私の父親の世代は、会社にべったり依存している人がほとんどでした。私がソニーに入社した1964年でも、多くの先輩たちは会社に依存しておりました。これも、基本的には「中期自我」です。

◇共依存関係だったかつての日本型経営

西泰宏・天外伺朗共著『人間性尊重型大家族主義経営』（内外出版社）のタイトルは、西精工のような新しいスタイルの家族主義経営に名付けた経営です。

日本の企業経営は、伝統的に家族主義経営の色彩が濃かったのですが、昔のスタイルは西精工とはかなり違っていました。会社が徹底的に社員の人生全般の面倒を見る代わりに、社員は会社に滅私奉公する、というカルチャーでした。これを「家父長型大家族主義経営」と名付けました。

この場合には、社員は家父長のような経営者に徹底的に依存し、経営者も社員に依存されることに依存する、という「共依存関係」が存在していたケースも多かったでしょう（もちろん、すべてがそうだったわけではありません）。これは、いわば「やくざ組織」に近い、まぎれもない「中期自我」の組織です。


やくざには「一宿一飯の恩」という思想があります。一泊泊めてもらった、あるいは一回ご馳走してもらった、というだけで、出入りとあらば命を懸けて、その親分のために戦う、という意味です。義理人情にがんじがらめになった人間関係であり、組織の在り方です。

このような義理人情、あるいは共依存関係がベースの組織は、戦いにはめっぽう強いでしょう。

戦後日本の目覚ましい高度成長は、この「中期自我」を中心とした「家父長型大家族主義経営」が担ったことは間違いありません（『人間性尊重型大家族主義経営』参照のこと）。F・ラルーは、「家父長」という言葉を**「アンバー（順応型）」**の説明で使っています。

引用15：順応型（アンバー）パラダイムは家父長的な権威主義を求める。（P51）

しかしながら、日本の高度成長を支えた「家父長型大家族主義経営」が、F・ラルーが定義する「アンバー(順応型)」組織運営だったかというと、ちょっと違うような気がします。もう少し柔軟であり、大多数が**「オレンジ(達成型)」**であり、部分的には**「グリーン(多元型)」**もあったように思います。

ただ、ソニーの中にも「親分・子分」の人間関係は、部署によってはまかり通っておりました。これは、やくざ組織と同じく基本的には「共依存」による人間関係がベースになっており、発達の階層からいうと「中期自我」です。そうだとすると、その部署は「アンバー(順応型)」に分類されることになります。これに関しては、5章で実例を述べましょう。

私が42年勤務したソニーという会社は、実質的な「ティール」の部署がかなりありました(2章)。でもバラエティーにとんでおり、「グリーン」も「オレンジ」も多かったし、こうやって振り返ってみると、たしかに「アンバー」もありました。

ただ、トップが井深→盛田→岩間→大賀→出井……と代わるにつれ、少しずつ「ティール」や「グリーン」が減っていき、出井の時に「オレンジ」のジャック・ウェルチを追いかけてしまったがために「ティール」、「グリーン」が徹底的に破壊され、「オレンジ」と「アンバー」

だけになってしまいました。それ以来20年間の凋落が始まった、というのが真相のようです（2章）。

世の中では、出井だけが凋落の要因として語られており、確かに影響は大きかったのですが、こうやって冷静に分析してみると、変化は徐々に起きていたことがよく分かります。『ティール組織』で読み解くソニーの凋落、というのは興味深い研究テーマになりそうです。

これからの経営学は、トップが変わっても「ティール」が維持できるシステムづくり、というのが大きな課題になります。

◇「中期自我」「アンバー」の特徴

さて、話を「中期自我」の「アンバー」に戻しましょう。一般に、親分・子分の絆はとても固いのですが、仲間内と外側とを極端に差別する、という特徴があります。親分を絶対視する子分になった人に対しては、親分は徹底的に目をかけますが、子分になることを拒否するとひどい目にあいます。これも5章で私自身の体験を語ります。

会社でも、滅私奉公する社員は経営陣がとてもよく面倒を見ますが、一旦会社を辞めると二度と戻っては来られないのが昔の日本では常識でした。裏切者扱いですね。**身内と外部を極端に区別するのも、「中期自我」の特徴**です。

その点ソニーは自由であり、出戻り社員は歓迎され、その後偉くなったケースが結構ありました（5章で一例を述べます）。やはり、日本の平均的な会社よりは少し先を行っていたと思います。

引用16：衝動型（レッド）に見られた自己中心主義は、順応型（アンバー）では自民族中心主義に変わる。（P34）

3章では、中世の魔女狩りやヒトラーのホロコーストを、「シャドーの投影」というメカニズムだけで説明しましたが、それだけではなく、いま述べた**「中期自我」、「アンバー」の、自民族（仲間）中心主義の特性**も色濃く出ています。

宗教というのは元々「依存」をベースにしており、「閉鎖的」、「排他的」、「独善的」な要素がありますが、「中期自我」、「アンバー」の特性が表に出ると、信者と異教徒を激しく差別する傾向が出てきます。キリスト教では、異教徒は悪魔の手先なので殺してもかまわない、という思想が第二次世界大戦以前までは一般的でした。

魔女狩りが悪魔の手先としての魔女に、ヒトラーのホロコーストがユダヤ民族に対して、激しい排他性を発揮して、虐殺する方向に向かったのは、異教徒や異民族に排他的な「中期自我」、「アンバー」の特性が発揮されたからです。

宗教裁判におけるガリレオ・ガリレイの有罪判決を取り消したことで有名なローマ教皇、ヨハネ・パウロ二世（1920－2005）は、白人が先住民に対して行った数々の残虐行為に対して神に許しを請うミサも行っています。これは、キリスト教の世界の話ですが、人類全体としてもようやく排他性が激しい「中期自我」のレベルから、次のレベルに移行したことを象徴するエポックだったように思われます。

『人間性尊重型大家族主義経営』（内外出版社）では、清水次郎長一家が、もしホワイト企業大賞に応募してきたらどうなるか、という思考実験を書きました。大政・小政などの子分たちは次郎長のためなら命も惜しくない、と慕っていましたし、次郎長も子分の面倒見はとてもよかったようです。

つまり、親分・子分の関係は「中期自我」の共依存ですが、組織の結びつきは「情」が中心であり、F・ラルーが「アンバー(順応型)」でいっているような「秩序・規律」ではないし、ましてや「レッド(衝動型)」の「恐怖」ではありません(恐怖の要素がゼロではないですが……)。

引用17：衝動型(レッド)組織はギャングやマフィアで、順応型(アンバー)組織の模範となるのがカトリック教会、軍隊、公立学校システムだ。(P45)
(アンバー組織は)指揮命令系統がはっきりし、「正式な」プロセスが存在し、だれが何をするかを定めた明確なルールがなければならない。(P39)
秩序の維持と前例踏襲を何よりも重視(P37)

私は、この記述には少々疑問を感じます。少なくとも日本のやくざ組織は「レッド(衝動型)」ではなく「アンバー(順応型)」だし、「アンバー(順応型)」の基本特性は、軍隊のような「秩序・規律」もあるけど、やくざ組織のような「共依存」と「情」の要素も大きいと思います。

このあたりも、F・ラルーの提案する階層構造は、あくまでも参照モデルであり、実際に存在する組織とは、多少ずれている点があるということでしょう。

さて、以上が「中期自我」の説明です。以下では、そこから先の成長・発達に関して見ていきましょう。

◇依存を脱し「後期自我」へ

健全に精神が発達していくと、12歳くらいから依存を脱して独立するための胎動として、第2反抗期が始まる、と心理学は説いています。

ただし、深層心理学は、ほぼ百年前の理論であり、現在の人類社会の様子とは少し違うかもしれません。私のふたりの子ども（1975年と1979年生まれ）もそうでしたが、第2反抗期がまったくない子どもが圧倒的に増えてきたように思います。

おそらく、第2反抗期というのは、親が調教的に子どもに接してきた反動であり、幼児期から自由意思を尊重されて育った子どもは、ひとりでに依存を減らして独立を勝ち取っていくので、反抗する必要がないのではないかと思います。親が子どもに接する態度は、ここ百年で随分変わってきました。

ユングが「性欲一元説」を称えるフロイトに反旗を翻して、無意識レベルに「神々の萌芽」が潜んでいることを主張したことは3章で述べました。その時ユングが刊行した本が『リビドーの変容と象徴』（1912）です。リビドーというのは、フロイトの「性欲一元説」の中心になっている「性的エネルギー」のことです。

ユングは、世界中の神話を調べ、あらゆる神話に共通性があるのは、人間の無意識の働きを象徴的に表現しており、意識レベルの成長・発達を記述しているからだ、という説をこの本で披露しました。


神話の中の「英雄の旅立ち」というエピソードは、依存を断ち切って、独立した自我の芽生えを象徴しているというのです。安定した故郷での生活（親に依存している精神状態）を捨てて、ひとりで未知の世界へ飛び込まなければいけない、という趣旨です。

英雄は旅の途上で、ドラゴンと戦って殺します。ドラゴンは**「親（正確には親のモンスター）」**を象徴しています。依存を断ち切る、ということは親の支配から脱することであり、ユングはドラゴンを殺さない限り、独立した自我が獲得できない、といっています（このことから、天外は「親殺しの瞑想」という方法論を開発しました。6章)。

「親のモンスター」というのは、天外独自の表現であり、生身の親とは別にその人が無意識レベルに育ててしまった心理的なモンスターという意味です（3章、6章)。

さて、首尾よくドラゴンを殺し、依存を脱して独立した自我を獲得したレベルを**「後期自我」**と呼びます。『ティール組織』では**「オレンジ（達成型)」**になります。

「後期自我（オレンジ)」は、依存から独立した自我への移行ですから、ものすごく大きな構図で読み解くと、宗教に依存していた「中期自我（アンバー)」の中世から合理性を追求する近代文明社会への移行に相当します。

F・ラルー『ティール組織』では、「アンバー」から「オレンジ」への移行は、ルネサンス期に胎動が始まった、と述べています。

引用18：啓蒙主義と産業革命期に入ると、達成型（オレンジ）思考は教養人たちの間に広がり始めた。第二次世界大戦が終了し、西洋世界では達成型（オレンジ）パラダイムへとシフトする人々の割合が飛躍的に拡大した。今日では、大半のビジネスと政治のリーダーにとって達成型（オレンジ）の世界観が支配的であることは間違いない。（P43)

ほかの何よりも合理性に価値が置かれる。（P49）

宗教は、「中期自我」のレベルの人にとっては、安心できる絶好の依存対象になりましたが、一方では魔女狩りに見られるような抑圧的な側面もありました。依存が減ってくれば、その抑圧に耐え切れなくなります。オレンジでは、宗教的価値観から脱却し、社会の規範は**「神」から「合理性」、「理性」**に移行しました。

「後期自我」に達すれば、精神的な自立を獲得するので、親の影響を脱し、自らの理性で「超自我」を確立します。そして、社会的に健全な「ペルソナ」を強固に造り上げます。それはしかし、「ペルソナ」からはみ出した「シャドー」も強力に育つことを意味しています。

かくして「ペルソナとシャドーの分離」が極めて激しくなります。3章で述べたように、「ペルソナ」は正義、「シャドー」は悪、というレッテルが張られ、それぞれを外部に投影しますので、すべてを「正義vs悪」というパターンで解釈する傾向が出てきます。悪は嫌なので、多様性は許容できません。

「ペルソナ」が確立しているので「立派な社会人」を装うことができますが、当然、「シャドー」の投影」も激しく、戦いの人生になります。3章で述べたように、実際の戦いや争いも多くなりますが、それだけでなく富、地位、名声、マイホームなどを獲得するための戦いにも邁進します。

引用19：私たちは、出世する、人生の伴侶を見つける、新しい家に引っ越す、新車を買うといった目標を達成すると幸せになるはずだ、という前提で生活している。（P45）

「後期自我」に達した人を戯画的に「オレンジ星人」と呼ぶことにしましょう。いまの日本社会は「オレンジ星人」が規範になっていますから、その特徴は社会の常識的な人間像と重なります。

「オレンジ星人」（「後期自我」に達した人）の特徴

1. 善良で立派な社会人、親切な隣人、良き家庭人を装うことができる。
2. 責任感があり、勤勉でよく働く。
3. 人間集団の中で、適切な立ち位置を見出し、チームワークよく仕事を遂行できる。
4. 未来を予測し、目標を明確にし、計画をしっかり立て、それに向かって必死に努力をする。

5. 独立した自我が獲得できている。依存されることも、依存することも嫌う。

6. 重厚な鉄の鎧をつけて身を守り、「戦いの人生」を歩んでいる。戦いは相手がある場合だけでなく、富、地位、名誉を目指す戦いや、目標を設定して、それを達成する戦いも含む（シャドーの投影＝モンスターのエネルギーで生きている）。

7. 戦っているときだけ精神が安定する。常に戦いの対象を求める。

8. 常に「怖れと不安」を感じており、それに駆り立てられている。

9. 目標を達成すると、もう戦えなくなるので、「燃え尽き症候群」に陥る。

10. 「理想的な人間像」を投影して聖人や有名人に憧れたり、「理想的な異性像」を投影して激しい恋をしたりする……多くの場合幻滅に終わる（元型の投影）。

11. すべてを「正義vs悪」というパターンで読み解く（ペルソナとシャドーの分離の投影）。

12. 「正義の戦い」を遂行している集団に賛同し、熱心に活動する。

13. すべてを瞬時に「いい・悪い」の判断をする（分離の投影）。

14. 「最近の若者はなっていない」、「社会はどんどん悪くなってきた（昔はよかった）」、「わが社（わが国）は遅れている」、「どこかに闇の支配者がいる」、「人類の滅亡は近い」などに類する、「否定的な考え」にとらわれている（シャドーの投影）。

15. コンプレックスが強い（シャドーの存在に起因する劣等感、その反動としての優越感）。
16. 自己顕示欲が強い（シャドーに起因する自己否定感の裏返し）。
17. 常に自分の言動を正当化する。非を認めたがらない。
18. 思考にとらわれ、情動を抑圧する傾向がある。
19. 理性、合理性、論理性を重んじる。何事にも理由付けを求める。
20. 上昇志向が強い。
21. 安定した秩序を好む。カオス（混沌）状態は居心地悪い。
22. 意見、価値観、文化の違う人と一緒にいると居心地が悪い（多様性を受容できない）。
23. 人を説得しようとする（世界中を自分の意見で塗り替えようとする）。
24. 人や組織を支配し、コントロールしようとする。
25. 部下に仕事を任せることができない。

いまの日本社会は、「オレンジ星人」が規範になっていると述べました。それは、「後期自我」の「オレンジ星人」が最大人口を占めている、という意味ではありません。たしかに50年前は、私より年上のほとんどのサラリーマンは会社べったりの「中期自我」だったのが、その後は大幅に減りました。F・ラルーがいうように、第二次世界大戦後「後期自我」が急速に増えたのは確かでしょう（引用18）。

R・キーガンは、「初期自我」、「中期自我」、「後期自我」、「成熟した自我」に対応する、発達段階2、3、4、5の人口比率を、それぞれ約10％、70％、20％、1％だ、と述べています。

私たちの感覚では「中期自我」の比率が異様に高いように見えます。それは、R・キーガンは世界を対象にしており、北朝鮮や中国のように民主化が遅れた国、あるいは中東のイスラム教による支配が強い国などでは、依存が残った中期自我の人口比率が圧倒的に高いことを含めて推計しているためでしょう。

いまの日本社会の成人では、直感的には「中期自我」と「後期自我」の比率はかなり拮抗しているように私には見えます（何ら調査をしたわけではありません）。ただ、指導層も、社会が求める理想の人間像も「後期自我」です。つまり、**理性でしっかり自分をコントロールして、立派な社会人を演じることができれば「それでよし」**というのが、いまの社会常識です。

それを「規範」という言葉で表現しました。

引用20：ある段階（ステージ）があたかもその組織の重心のような存在となり、組織内のほとんどの慣行を決めているのだ。（P70）

「シャドー」の存在は表からは見えないので、立派な社会人を演じていれば差し当たり何の問題もありません。**「規範」**になっているので、人々はそこまで成長するのが当たり前、と思っています。

指導層を見れば「後期自我」のレベルばかりであり、そこまで達しないと指導層にはなれないことは明らかです。そのための目標にすべき人、模範になるような人はいくらでもいます。彼らと一緒に働いていれば、知らず知らずの内に影響を受け、近づいていくでしょう。

学校教育も、「オレンジ星人」が目標になっています。つまり、いまの日本社会は、普通に教育を受け、まともに社会生活をしていれば、自動的に「後期自我」まで育つ仕組みが社会の中に隠然と定着し、人知れず作動しているのです。

「後期自我」が「規範」になっている社会は、前述のごとく**「戦いの社会」**です。企業でいうならば「オレンジ」が多く、売上、利益、規模の向上を遮二無二追い求めます。個人は、「オレンジ星人の特徴（P132）」で述べたように上昇志向が強く、激しく競争しています。

こういう「戦いの社会」への反発として、1960、70年代にはカウンター・カルチャー運動が燃え上がりました。いまから振り返ると、「実存的変容」への胎動だったことは明らかです。

「実存的変容」を経て「成熟した自我」に達することを、F・ラルーは意識の新しいステージという表現で指摘しましたが（まえがき）、カウンター・カルチャーの頃から年々確実に増加しています。

◇そして「統合」へ

さて、人が生まれてきて、最初の「分離」である「母子分離」から始まって、次々に「分離」を重ねていく意識の成長・発達プロセスを見てきました。「分離」の頂点が「後期自我」であり、そのため「後期自我」がP167の図の円弧の頂点に書いてあります。

いよいよ人は、この後、次々に「統合」のプロセスに入っていきます。その最初のプロセスが「ペルソナとシャドーの統合」であり、本書の主題である「実存的変容」です。繰り返しになりますが、統合されたレベルが「成熟した自我」です。

F・ラルーは、この「後期自我」と「成熟した自我」の間に**「グリーン（多元型）」**という段階を挿入しています（これは、スパイラル・ダイナミクスでも同様です）。
組織としてのグリーンは、徹底したボトムアップであり、階層構造の上司と部下という関係は残っているものの、権限委譲により、担当者に意思決定権がゆだねられます。上長は、上に立って権力をふるうのではなく、後ろから部下を支える「サーバント・リーダーシップ」が求められるようになりました。

引用21：多元型（グリーン）組織は達成型（オレンジ）組織の実力主義に基づく階層構造を残しているのだが、意思決定の大半を最前線の社員にまかせている。（中略）多元型（グリーン）組織のリーダーたちは、（オレンジ〝達成型〟組織のリーダーのように）問題を公平に解決できるだけではだめで、部下に耳を傾け、権限を委譲し、動機づけ、育てるサーバント・リーダーにならなければならない。（P57）

個人としてのグリーンというレベルは、「後期自我」に比べると、戦いの要素が減っているようです。それに加えて上記「オレンジ星人の特徴（P132）」から以下の要素がなくなっています。

7. 戦っているときだけ精神が安定する。常に戦いの対象を求める。
11. すべてを「正義vs悪」というパターンで読み解く。
24. 人や組織を支配し、コントロールしようとする。
25. 部下に仕事を任せることができない。

これらはいずれも「シャドーの投影」に関連しており、深層心理学的には、かなりシャドーが軽減しているレベルと思われます。しかしながら、「実存的変容」にはまだもう一歩、という段階なのでしょう。

象徴的には、「後期自我」の「オレンジ星人」が鉄の鎧をつけて激しく戦っているのに対して、「グリーン」は、真綿の鎧をつけて自らを守ってニコニコしている、という差でしょうか。3章で述べた文章をもう一度掲載します。

「グリーン型組織運営の場合には、オレンジほど戦いの要素は強くはありません。むしろ、協調や仲間意識が大切にされています。しかしながら、ともすると無意識レベルのモンスターをそのままにして、『やさしく、協調的で、仲間を大切にし、争わない』という装いをまとっているケースが散見されます。オレンジが鉄の鎧をまとって戦っているのに対し、グリーン

は真綿の鎧をまとっているのです。真綿のあたりは柔らかいのですが、自分を守る鎧であることには変わりなく、素の自分を隠しています。（3章、P96）」

「実存的変容」を経て**「成熟した自我」**に入ると、鉄の鎧も真綿の鎧もいらなくなり、F・ラルーが**「全体性」**と呼んだように、**「素の自分」**で生きていけるようになります。

「素の自分」ということは、自分を規定している「枠」が広がることも意味しております。中期自我の時代に、大人の目を意識して確立してきた**「超自我」**、その後の後期自我では世間の目を意識して自らを縛ってきた鎖を解き放つ、という側面があります。これは、「いい人」を装うのをやめることに相当します。

「後期自我」から「成熟した自我」に変容すると、むしろ「立派な社会人」、「善良な隣人」の要素は減り、裸で生きている我儘な自由人に見えるでしょう。意識の成長・発達がどんどん「いい人」に向かうと思っていると完全に裏切られます。

人間が、様々なことに「こだわり」を持つのは、主として葛藤のエネルギーに起因しております（3章）。これは、心理学的には「シャドー」、天外は「モンスター」、由佐美加子は「メンタルモデル」と名付けており、**「不安と怖れ」**の源泉です。実存的変容を経てシャドーとの統合が進むと「不安と怖れ」はなくなります。このことを般若心経では「心無罣礙《しんむけいげ》、無《む》罣礙故《けいげこ》、無有恐怖《むうくふ》」と述べています。

「成熟した自我」は「後期自我」とは違って、いまの社会の中にそこまで育つ仕組みが内包されていません。ごく普通に社会生活をしていても「実存的変容」は起こらず、目覚めかかった人が、何となく違和感を抱えたまま、一人ひとりが手探りでステップアップの模索をして悶々と生きています。そういう人は、オレンジ一色の社会にはなじめないので、孤立するか、仲間とつるむ傾向があります。

世の中には「オレンジの会社」が多いので、彼らは就職することを好まず、ボランティア活動に精を出したり、ＮＰＯで働いたり、シェア・エコノミーに貢献したり、社会的に意味のある起業をしたりしています。就職しても会社のカルチャーになじめず、鬱々としている人が多いでしょう。東日本大震災のような災害が起きると、彼らはボランティアとして殺到します。

本書は、そういう人たちを念頭に、人類の進化、社会の進化のためのガイドブックとして書いています。

5章

「不良社員」と、やくざ的「フロー経営」

「実存的変容」というと、私はソニーの創業者、井深大さんのことがまず頭に浮かびます。1964年の入社直後に取り組んだのが、井深さん直轄のプロジェクト「FM用フェライトコア・アンテナ」でした。AM用の小型トランジスタラジオが、フェライトコア・アンテナに支えられて成功したので、同じことを周波数の高いFMでもやろうとしたのです。

井深さんは興味を持つと、とことんのめりこむたちなので、一時は毎日のように来て、私の隣に座り、議論を吹きかけてきました。私の上には係長も課長もいたのですが、新入社員と社長の議論にはまったく介入しませんでした。その様子は、西泰宏さんとの共著『人間性尊重型大家族主義経営』（内外出版社）に詳しく書きました。

その時の課長が故・安田順一さん、1946年に井深さんが会社を立ち上げたときの創業仲間です。井深さんとは、とても深い信頼関係で結ばれていることが見て取れました。だから逆に、自らをアピールする必要がなく、私と井深さんが議論しているところに、しゃしゃり出てこなかったのだと思います。安田さんも「実存的変容」を達成しておられました。井深さんの周りは「実存的変容」だらけでした。おそらく創業期のソニーには、人が育つ環境があり、多くの人が意識の成長を遂げたのだと思います。

引用22：どんな組織もリーダーの発達段階（ステージ）を超えて進化することはできないのだ。（P71）

この引用で、F・ラルーはリーダーの発達段階と組織の進化の関連をいっていますが、メンバー一人ひとりの発達段階もなかなかリーダーのレベルは超えられません。逆にいうと、リーダーのレベルまでは成長しやすい傾向があります。井深さんに直接接していた人たちは「実存的変容」までは比較的早く成長できたのでしょう。

その後ソニーは急成長し、多くの人が途中入社で参加し、それぞれの部隊を率いましたが、「実存的変容」に達している人はそれほど多くはいませんでした。したがってその部隊の人たちは成長できない、という構図になりました。

かくしてソニーは、井深さんの先鋭的な「実存的変容」の血がどんどん薄まっていきました。

入社2年後に、私はカラーテレビ用の小型アンテナの研究のために東北大学に3年間留学することになり、帰ってきてからしばらくして中島平太郎博士（1921－2017）が所長を務める技術研究所に配属になり、CDを開発することになりました。

中島さんは、ソニープロパーではなく、NHKから移籍されました。途中入社組では珍しく、「実存的変容」を遂げておられました。おそらく、井深さんたちが中島さんの人柄にほれ込んで幹部候補として移籍を要望したのでしょう。

これよりかなり後になりますが、私はソニーの初期の技術的なイノベーションを一手に成し遂げた、伝説の技術者、木原信敏（1926–2011）さんが率いる開発研究所でワークステーション（専門家向けのコンピュータ）NEWSを開発します。木原さんは、ほぼ創業メンバーであり、井深さんの近くにおられた方で、もちろん「実存的変容」を遂げておられました。

これほど多くの「実存的変容」を遂げた上司に恵まれたということは、当時の日本の産業界ではとても珍しく、おそらくソニー以外ではありえなかったでしょう。もちろん、その間そうではない上司の元でも働きました。

こうして、42年に及ぶ会社生活を振り返ってみると、「実存的変容」を遂げた上司の元では、私はとてもハッピーでのびのびと独創性を発揮していい仕事をしています。逆に、そうではない上司の元ではいじめられ、辛酸をなめ、まったく独創性を発揮しておらず、後に残るような仕事はしておりません。

私は、技術者として比較的多くの成果を出したと思いますが、それは単に多くの素晴らしい上司に巡り合った結果であることは明らかです。


後にチクセントミハイの「フロー理論」を学ぶと、私が成果を出した時には必ず「フロー」に入っていたことがわかりました（2章）。そして、上司が「実存的変容」を遂げた人である時に限り、私が「フロー」に入っていたこともわかりました。


これらの素晴らしい上司をイメージして、後に経営者向けに始めた「天外塾」は、塾生が精神的に成長し、「実存的変容」に向かうことをサポートする塾に変容していきました。それが「フロー経営」に向かう唯一の道だと信じております。

「天外塾」の詳細は、6章に譲りますが、本章では「実存的変容」だけが「フロー経営」へ向かう道ではないという、その後の新たな発見をお話しします。

それと関連して、まず「不良社員」（2章）のお話をしましょう。

◇「不良社員」の宝庫だったソニー

中島さんは、ＮＨＫ技研時代に世界最初のデジタル録音機を試作したことで有名です。放送局用の高価なＶＴＲと大規模な回路によるたいへんな代物でした。デジタル信号処理は、周波数帯域が広くなるので、普通のテープレコーダーのメカニズムでは記録できず、窮余の策として、オーディオよりはるかに周波数帯域の広い映像信号を記録するためのＶＴＲを用いたのです。

その直後に、イギリスのＢＢＣが、テープレコーダーと同じような固定ヘッド方式のメカニズムを工夫して、デジタル録音機を発表しました。ＮＨＫとＢＢＣ、両方とも放送局だったのが面白いところです。当時は放送局が技術開発の最先端を走っていました。

ソニーに移ってきた中島さんは、早速ＢＢＣと同じような固定ヘッド方式のデジタル録音機の開発を命じました。こちらの方がＶＴＲを使ったものより技術的に高度だと思われていたのです。

ところが、完成したその機械は、社内での評判が散々でした。そのまま商品化したら、一億円でも売れないような、巨大なメカと大規模な回路で、さして音が良いようには思えず、しかも符号誤り対策をしていなかったので、時々けたたましいノイズを発生するのです。アナログの録音機でも小さなノイズは発生しますが、デジタル信号処理でのノイズは符号誤りとして、一か所だけ数値が変わってしまうので、耳をつんざく騒音になります。

中島さんは、酒の席でしんみりと「俺はデジタルをやってNHKをクビになったけど、今度はソニーもクビになりそうだ……」といっておられました。おそらく、NHKでもデジタル録音機の評判は良くなかったのでしょう。新技術というのは、なかなか簡単には世の中から受け入れてもらえません。

私は、当時はまだ発表前で、極秘のうちに木原信敏さんが開発しておられた家庭用VTR「ベータマックス」の資料をひそかに取り寄せて、こっそりと検討を始めていました。中島さんの最初のマシンは、放送局用のVTRを使ったので大袈裟になったけど、家庭用VTRなら安価にできるのではないか、という発想です。

そこに、伊賀章さん（1948‐2017）が、たまたまひょっこり遊びに来ました。私とは仲が良かったのですが、当時の彼は課長との折り合いが悪く、ほとんど会社に来ていませんでした。

私は中島さんの嘆きの話をし、机の上いっぱいに広げていた、ベータマックスの資料を説明しました。伊賀さんは、突如目を輝かせ、この資料を全部ちょっと貸してくれ、といいました。

しばらくして、また訪れた伊賀さんは、いまのデジタル時代を全部見通して、ものすごい展望を描き切っていました。当時は、売値1億円といわれたデジタル録音機が、半導体の進歩（3年で規模もスピードも四倍）を考慮すると、アナログ機よりむしろ安価になる、という予想です。

これには、私は舌を巻きました。家庭用VTRを使って少しは安くなる、程度の近未来しか予測していなかった私より、はるかにスケールの大きな発想をしていたからです。こういう人を本当の天才というのでしょう。

私は、すぐに伊賀さんの異動を申請しました。「不良社員」に手を焼いていた課長さんは、大喜びで彼を移してくれました。

その後紆余曲折はありましたが、伊賀さんはソニーが主導した世界的なデジタル・オーディオ革命の中心人物だったことは間違いありません。CDの基本特許は、伊賀さんと私（土井）の共同出願特許です。

その後の伊賀さんは、Suica、Pasmoなどの非接触カードを発明し、ソニーの役員になり、後輩の指導にも活躍されましたが、残念ながら引退後の２０１７年に69歳で逝去されました。

課長との折り合いが悪く、会社に出てこられなかった「不良社員」が、じつは大天才だったのです。


それからだいぶ後に、私はコンピュータ関連のビジネスを遂行していた事業部を出て、木原信敏さんの開発研究所に移動して、ＮＥＷＳと名付けたワークステーションを開発しましたが、そのときも事業部でなるべく課長との折り合いが悪い「不良社員」ばかりを４人選んで連れて行きました。

そのころ通産省（当時）は、日本中のコンピュータ・メーカーを巻き込んで、２５０億円の予算で「シグマ・プロジェクト」というワークステーション開発の国家プロジェクトを進めていました。ＮＥＷＳは、それと真っ向から戦いました。一時は、通産省がＮＥＷＳのプレス発表を強引に止める、などの泥仕合でしたが、私たちは、わずか11人の人数と開発費3億円という極小予算にもかかわらず圧倒的に勝利する、という快挙を成し遂げました。「不良社員」たちが大活躍をしたのです。

これらのことから私は、『人材は「不良社員」から探せ』（講談社）というベストセラーを書きました。以来ソニーでは、「不良社員」は褒め言葉になっています（2章）。

「不良社員」の定義：自尊心が強く、性格も鋭角的だが、仕事には抜群の手腕を発揮する切れ者タイプ。凡庸な管理型上司の下では「不良社員」に化ける（天外伺朗著『人材は「不良社員」からさがせ』講談社）。

◇「不良社員」の上司の元なら「不良社員」が活躍できる

いままで私は、創業期のソニーは「フロー経営」が実行されていた、1995年にトップが変わってそれが破壊された、という趣旨で本を書いてきました。

もう少し詳しく分析すると、創業期のソニーは、「実存的変容」を遂げた上司が大勢いた。その下で「不良社員」たちが「フロー」に入り、思う存分に力を発揮して、独創的な仕事を成し遂げた、という表現が妥当でしょう。

ここでいう「不良社員」というのは、単なるダメ社員ではなく、いわば「できる人」です。「できる人」が活躍するためには、その上司が鋭角的な「不良社員」をおおらかに包み込む「できた人」でなければならない、それが「実存的変容」だった、というわけです。

ここでいう「不良社員」というのは、筋が読める人のことです。読めすぎる、といってもいいでしょう。私自身も、木原信敏さんも、もし凡庸な三流マネージャーの下に入ったら「不良社員」に化けていたと思います。三流マネージャーは筋が読めないままに指示・命令で、上から目線で管理しようとするので、耐えられないのです。

『人材は「不良社員」からさがせ』では、初版本ではピッチャーの江本、改訂版ではサッカーの田中マルクス闘莉王の例を書きました。スポーツの世界でも、事情はまったく同じです。江本は野村克也監督の下で、闘莉王は岡田武史監督の日本代表チームの時に大活躍しました。

ここで、ひとつ発見があります。「不良社員」が活躍できるのは、必ずしも上司に「実存的変容」は必要なく、「不良社員」の上司の下でも結構いい線をいきます。

たとえば、アップルのスティーブ・ジョブズがその一例です。若いころにはしょっちゅうソニーに来ていましたので、何度も会っています。まさに鋭角的で、「不良社員」そのものでした。その証拠に、自らが招聘したジョン・スカリーにアップルから追い出されています。ずーっと座禅の修行を続けており、サンフランシスコ禅センターで得度をしていますので、晩年には、おそらく「実存的変容」に達したとは思いますが、鋭角的だった若い頃もマッキントッシュをはじめとして、数々のプロジェクトを成功させており、おそらくチームは「フロー」に入っていたでしょう。(注)

プレイステーションをやった久夛良木健さんは、スティーブ・ジョブズのまさにミニチュア版でした。性格は鋭角的を通り越して、かなりトゲがありました。「実存的変容」には、はるかに及びません。それでもチームは「フロー」に入り、数々のプロジェクトを成功させています。

いまからお話しする、ソニーの元副社長、森園正彦さんの場合には、むしろ「親分・子分」の人間関係を重視しておりました。これは、4章の発達段階では、依存が残った「中期自我」に相当するのですが、チームは継続的に「フロー」状態にあり、放送局ビジネスを成功させております。

◇「親分・子分」の関係でもフローに入る理由

中島さんがＮＨＫから移ってこられたとき、ソニーは研究所だけではなく、オーディオのビジネスをすべて任せ、事業本部長に据えました。当時はビデオのビジネスはほんのわずかだったので、これはソニーのビジネス・オペレーションの大部分を意味しており、中島さんに対する期待の高さを表しています。

森園さんは、それが面白くなかったようです。家庭用として開発され、各社に特許を公開して普及を図ったけど、あまり売れていなかった「Ｕ－マチック」というＶＴＲの製造責任者だったのですが、ほとんど会社には出てこず、毎日夜になると部下が新宿の飲み屋を探し回る、という状態でした。夜の新宿で、やくざと喧嘩してショーウインドウに放り込んで大怪我をさせ、留置所に収監される、という事件も起こしています。

伊賀さんも顔負けの大「不良社員」ですね。当時のソニーは、こういう豪快な「不良社員」が大勢いました。

脚注：マッキントッシュのプロジェクトは、当初はＤ・アーキンがやっておりましたが、ジョブズはそれを取り上げて彼を外し、アップルⅡ開発の立役者Ｓ・ウォズニアックを参加させ、彼を慕ってエンジニアが大勢参加した後にウォズニアックを外して自分のプロジェクトにしました。かなりエゴ丸出しのやり方でした。晩年の哲学者のようなジョブズとは、まったく別人のようでした。ソニーは、３・５インチフロッピーを提供するなど、開発当初から入り込んでいたので、裏情報が詳しく入ってきました。

その後、家庭用VTRはベータマックスとVHSの戦いに移行して、「U−マチック」は忘れ去られるのですが、森園さんはそれを放送局用ビジネスに展開して大成功をおさめ、さらに次々と放送局用機器を開発して業界№1になり、本人は副社長まで出世します。

この時の手法が、社内で居場所を失ったような「不良社員」たちを集め、濃厚な「親分・子分」の関係を築いて一丸となって事に当たる、というものでした。子分は親分のためなら命も惜しまずに働き、親分も子分の面倒をよく見ていました。

激しい競争状態の中での新しい機器の開発は結構大変でしたが、「生爪作戦」というのがよく行われていました。生爪をはがすような痛みを伴うプロジェクト、という意味です。ほとんどのプロジェクトが「フロー」に入っていました。

本章の表現では、「不良社員」が「不良社員」を使って「フロー経営」をしていた、となりますが、一般には「昔のソニーは猛獣がたくさんいたし、猛獣使いもたくさんいた」などと表現されています。

さしあたり、森園さんは猛獣使いの名人のひとりだったのでしょう。

以下、『ソニー厚木スピリット』(立石泰則著／小学館)より引用します。

（注：放送局ビジネスを新たに立ち上げた時の人集めの話）そのためには、優秀なエンジニアを確保する必要がある。そこで森園氏は人選にひとつ条件をつけた。

それは、まず優秀なエンジニアであることだが、同時に職場で使いづらいと思われ、上司や同僚との人間関係がうまくいかず、浮き上がっていることである。森園の部隊に引抜きをかけても問題が生じない。職場が困らない人材であることだった。

その理由を、森園はこう説明する。

「私は、彼らを決して使いづらいとは思いませんでしたね。彼らは優秀で、とにかく仕事が出来ましたし、またよく仕事をするんです。ただ、上司であれ誰であれ、一言物申すタイプですから、（職場で）周囲から浮き上がったり、上司から疎んじられたりするのです。でも彼らは『いざ』という時には頼りになります。開発や何かで難しい問題が生じた場合、これで出来るとか出来ないかとかごちゃごちゃ議論するのですが、彼らは『じゃあ、やってみます』と、すぐ始めるような人たちですから」

私はいままで、創業期のソニーは「フロー経営」を実施していた、と書いてきましたが、よくよく見るとむしろ「不良社員経営」と呼んだ方がいいかもしれませんね。

その「不良社員」たちを生かすのが「実存的変容」か、もしくは「不良社員マネジメント」

なのです。全般的には、後者の方が多かったかもしれません。

ただし私自身は、森園さんの下では生きませんでした。「親分・子分」の人間関係には、どうしてもなじめなかったのです。そのいきさつをお話しましょう。

◇ソニーでのCD誕生秘話

中島さんのもとでCDを開発していた私は、同時にスタジオで使う業務用デジタル・オーディオ機器の開発を始めておりました。ひとつには、CDはアナログの録音機の約十倍の性能がありましたので、世界中のスタジオの録音機器を全部デジタル化しないと、本来の性能が発揮できないからです。

でも、差し迫った問題としては、デジタル・オーディオ革命はソニーを中心に日本が進んでいたのですが、アメリカ、ヨーロッパの勢力は、まず業務用機器で標本化周波数などの技術規格を定め、それをCDにも押し付けようとしておりました。

早くも、1978年5月にアメリカのアトランタで開かれたAES(Audio Engineering

Society）の標準化委員会で、標本化周波数は50ｋHzに決まってしまい、ＣＤもこれを採用しろと、すごい勢いで迫られました。アメリカの３Ｍ社がＢＢＣの技術を導入して、固定ヘッド方式のマルチチャンネル・デジタル録音機の開発発表をしており、それにみんな従え、という感じでした。

この会議に私は招待され、ただひとりの日本人として出席していたのですが、日本代表も参加して決めた技術標準だ、ということをいいたいがために招待されたのは明らかでした。

私たちは、ＣＤの標本化周波数はＶＴＲ由来の44・1ｋHzにしたいと思っておりましたし、当時ようやく放送局の標準になりつつあった「Ｕ–マチック」ＶＴＲを使って、ＣＤ制作用の業務用2チャンネル録音機を、秘かに制作中でした。ＣＤの商品化は、大賀副社長（当時）の指揮のもと、着々と進んでおり、大急ぎで音源を準備しなければいけなかったのです。

標本化周波数が50ｋHzに決まってしまうと、その計画は全部パーになり、ＶＴＲベースのデジタル録音機は使えなくなります。新たに固定ヘッド方式（注：標本化周波数が自由に選べる）の録音機を開発したら、商品が出るまでには、軽く3年以上はかかるでしょう。それから音源を集め始めたら、ＣＤ発売は5年以上遅れるでしょう。ＣＤだけ開発すればいいわけではないのです。

アトランタの会議では、私はただひとりの日本人として懸命に50kHzの標準化に反対をしたのですが、いかんせん英語もろくろくしゃべれず、まともな主張もできず、3日間の会議が終わると高熱を出して寝込んでしまいました。

しかしながら、このままでは完全に敗北になります。私は、予定を変更して2週間にわたって、高熱でフラフラになりながら全米を回りました。3M社をはじめとして、会議で知り合ったスタジオ関係者を訪ね歩いたのです。そして、彼らが聖域とするマルチチャンネル機の開発を決意し、旅の終わりころには3M社のマルチ機を粉砕する設計構想をホテルの便箋にぎっしりと書き留めていました。

なぜか、社内で業務用の録音機の開発と、それを使った音源を大量に確保することが、CD発売には絶対的に必要だ、ということに気づいている人はトップも含めてほとんどおらず、私が進めている「U－マチック」を使った業務用の録音機の緊急性に理解を示す人は、ひとりもいませんでした。多分私は、アトランタの会議で高熱が出るほど奮闘し、戦略眼を身につけたのだと思います。

なお、この「U－マチック」を使った業務用録音機は、完成後に私は技術研究所室長の身分で売り始めました。もちろん当初は、デジタルに投資しようとする人はほとんどおらず、バカ高いデジタル録音機の売れ行きは微々たるものでしたが、高名なミュージシャンが興味を持ってくれ、貸出機ですごい勢いで楽曲を録音してくれたので音源の確保には貢献しました。

私は、1978年5月にアトランタで、いったん決まった技術標準をひっくり返す決心をしました。2週間の旅から帰ったその日に、固定ヘッド方式のマルチチャンネル機の開発に着手しました。半年で試作しろ、という無茶苦茶な要求を出しました。

幸いにもソニーの「不良社員」たちは優秀で、普通なら2年はたっぷりかかるプロトタイプの開発を半年で完成させ、1978年の11月のニューヨークのAESで展示することができました。その間エンジニアたちは、タイムカードを押してから職場に戻って、ほとんど会社に泊まり込んでいました。上からの強制ではなく、自主的なサービス残業でしたが、月に200時間は超えていたと思います。

最近の働き方改革の議論を聞いていると、今昔の感がありますね。いまだったら、私は逮捕されるかもしれません。

アトランタの会議では、英語もしゃべれず、ろくろく主張ができなかった私が、半年後のニューヨークでは突然マルチ機を引っ提げて現れたので、業界は騒然となりました。私は、突如ＡＥＳの英雄になり、この直後には副会長にも選ばれています。

この後も紆余曲折があったのですが、詳細は省略します。結論として、私はハービー・ハンコック、スティービー・ワンダー、フランク・ザッパなどの高名なミュージシャンに試作機を貸し出して録音することにより味方になってもらい、いったん決まった技術標準をひっくり返すことに成功しました。

そのために、ＣＤは１９８０年に発表、１９８２年には発売することができました。

いまから振り返ってみると、おそらく私の中にも「不良社員」の要素があったせいだと思いますが、このアメリカ・ヨーロッパの大勢力を相手にした技術標準大戦争を、優秀なエンジニアたちのサポートはあったものの、私はほぼ独力で戦っており、社内では誰にも評価されませんでした（報告もしていないので当然です）。

私としては、自分で開発したＣＤを成功させたい、という一心だけで、業務用のオーディオのビジネスをやりたいという気はほとんどありませんでした（それでも、Ｕ−マチックを使った業務用録音機をちょろちょろと売り始めていました）。

当時、森園さんの放送局ビジネスは絶好調であり、業務用のビジネスは全部自分のもとでやるべきだ、と強烈に主張しておられました。業務用のオーディオ業界で派手に活躍する私は、当然目を付けられ、厚木の森園さんのもとに異動命令が出ました。

厚木での、森園さんとの最初のミーティングは、いまでも鮮明に覚えています。挨拶もそこそこに、いきなり「お前、俺の子分になれ！」といわれたからです。私は反射的に「いやです」といいました。

ずーっと後になって、由佐美加子さんの**「メンタルモデル」**を学んで、私のような**「ひとりぼっちモデル」**は、誰の子分にもならず、誰も子分にせず、一匹狼で生きていく、ということを知りました（7章）。だから、反射的に「いやです」と答えたのは、ごく自然でした。

ちなみに、森園さんのように「親分・子分」の関係を構築するのは、ほとんどの場合メンタルモデルは**「価値なしモデル」**です（7章）。上昇志向が強い、という特徴もあります。

このミーティングの時点で、私はまだ森園さんが強固な「親分・子分」関係を築いて、成果を上げてきたのを知りませんでした。このあと、多くの子分たちが「森園さんに救われた」という意識を持っているのを知りました。おそらく、それ以前はつらい体験をしていたのでしょう。

「救われた」ことを恩に感じている子分たちは、親分のためなら命も惜しまないほどの滅私奉公をしていました。やくざの「一宿一飯」どころではない、強い義理人情の世界です。森園さんの方も子分たちに君臨はするものの、細かいことには鷹揚であり、情にあふれ、まさに親分肌の接し方をしておられました。

森園さんの周囲にいた幹部の子分たちは、当然のことながら森園さんの経営スタイルを模倣していました。アウトローで、豪放で、オープンで、気がいいといった感じです。お付き合いはしやすいタイプです。しかしながら、皆上昇志向は半端ではなく、書類の回覧順序などは、大変気を使いました。ちょっとでも序列を間違うと、大変な叱責が降ってきたからです。序列のはっきりした「アンバー」的な組織だったのでしょう。

その濃厚な人間関係に入っていけない私は、ただ傍観者として感心して眺めていました。

私の場合には、子分たちとはちょっと事情が違いました。恩を感じるどころか、中島さんの元を離れたくない状態で無理々々にひっぺがされて異動させられた、という気持ちでした。また、かつてのライバル中島平太郎さんのもとから私が来たこと。CDが成功すると、その時点での森園さんにとっては次期社長レースの最大のライバル、大賀典夫副社長の手柄になってしまうこと、など上昇志向が強い**「価値なしモデル」**にとっては、微妙な心境になっておられた可能性もあります。

業務用デジタル・オーディオのビジネスは、苦戦しておりました。固定ヘッドのマルチ機は、最初のデモ機は半年でできたものの、商品化にはえらく時間がかかり、私は業界でも社内でも「オオカミ少年」といわれていました。その間、開発費ばかりかかり、事業部は大赤字でした。

CDの制作には、いろいろな機材が必要であり、その開発と商品化もやっておりました。これは、当初は世界で数か所しかないCDのカッティング・センターにしか売れないので、ビジネス的には大赤字です。事業部の赤字対策よりもCDの成功を優先させ、さらなる赤字を垂れ流してでも邁進する姿勢は、私にとっては当然でしたが、森園さんにはとんでもないと映ったようでした。

事業部長は森園さんが兼任して、私はまだ三十代で次長としてビジネスを任せてもらっていましたが、子分になることを断ったしっぺ返しは相当に大変でした。

森園さんは、厳しいところもあり、ニックネームが「オニ」でした。他の子分たちには慈愛の中での厳しさでしたが、私に対しては本当の「オニ」でした。

この頃の私は、海外のスタジオに行けば「CDの発明者」として英雄扱いであり、どこへ行っても下へも置かない扱いを受けていましたが、社内に帰ってくると、ぼろ雑巾のように扱われていました。

由佐美加子さんのライフサイクル論では、この頃の私が**「直面期」**だったことがよくわかります（7章）。「直面期」というのは、そのパラダイムで生きていくことが限界に近づき、人生の上で様々な危機に直面することをいいます。いわば「実存的変容」への前奏曲です。由佐美加子さんは、単に偶然危機が訪れたのではなく、自らの内面の限界が危機として外側に表現されるのだ、と解釈しています。詳細は7章で述べます。私の「直面期」の実態に関しては、由佐美加子さんとの共著『ザ・メンタルモデル』（内外出版社）にプライベートの面も含めて詳しく書きましたのでご参照ください。

結局、森園さんは私の上に別の事業部長を連れてきて、私は自分がゼロから開拓した事業部を追われました。この時は、森園さんは副社長に専念しておられ、事業本部長はソニーから出て、シンガーミシン極東支配人を務めてから出戻った、郡山史郎さんが就任しておられました。森園さんからの命令は、事業部を出て、その郡山本部長のブレーンをやれ、というのです。

私は、その命令に背き、ずっと後になってロボットの開発をめぐって大ゲンカすることになる出井さんが率いるコンピュータ関連の事業部に逃げ込みました。

当時、森園部隊は破竹の勢いで、出井事業部は赤字で吹けば飛ぶような存在でした。私は、何としてでも森園さんの影響下から脱出したかったのです。


郡山さんは、とても情のある方で、離れていく私に「あんな弱小事業部に都落ちしなくてもいいと思うんだけど、僕のブレーンというのは土井さん（私の本名）にとっては、役不足なのですかねぇ」と嘆かれました。でも、私が自分で立ち上げた事業部を追い出されたことには同情的であり、ひとりで出すのは忍びない、エンジニアを3人連れて行っていいよ、といってくれました。

ところが、森園さんはそれを許さず、私が選んだ3人は別のプロジェクトに回され、私は結局ひとりで異動しました。その3人のうちひとりは、のちにＡＩＢＯを一緒にやった大槻正さんです。残りのふたりもＡＩＢＯ開発には呼び寄せて一緒でした。


この時逃げ込んだ出井事業部に、しかしながら、私は長くいることはできませんでした。

出井さんの上に新たに就任してきた事業本部長が、木原信敏さんの部下の部長クラスの異動を希望し、私はバーターで木原さんのもとに出されたのです。

短期間に、ふたつの事業部を追い出された私は、アップルを追い出されたスティーブ・ジョブズの心境を味わっていました。ただし、この頃はまだ出井さんとの関係はよく、出ていく私にエンジニアを4人つけてくれました。その4人に「不良社員」を選んだことは上で述べました。

◇「親分・子分」の「フロー経営」

さてここで、上で述べた「不良社員」もしくは「不良社員マネジメント」を、4章の発達段階を参照にしながら見ていきましょう。

「親分・子分」の関係というのは、前述のごとく心理学的には**「共依存」**であり、**「中期自我」**もしくは**「アンバー」**に分類されます。しかしながら、森園さんの部隊がF・ラルーの記述する「アンバー」と合致するかというと、全然違います。

上から下まで「不良社員」だらけですから、「秩序・規律」は、きわめて弱いといえます。

会社の就業規則や36協定などはことごとく無視されていました。達成意識がものすごく高いので、目的達成のためには、秩序・規律・ルールはどうでもいい、といった感じでした。「不良社員」たちは、上司を屁とも思わないような連中なので、一般的な指示・命令型の「上司—部下」の関係ではなく、下は勝手に暴走し、上司はその暴走を鷹揚に受け止める、という組織でした。だからこそ、皆「フロー」に入れたのです。

それでは、何が「依存」かというと、精神的な序列です。部下たちは暴走し、上司に暴言を吐きますが、それでラポールが崩れることはありません。どこかで上司を立てていることがちゃんと伝わっており、たとえば宴会の席などで「マウンティングの儀式(注)」がしっかりと実行されています。

上司の方も、仕事の上ではなるべく干渉しないけど、プライベートを含めて部下が困っていれば親身になって心配し、鋭角的な「不良社員」を包み込み、愛嬌あふれる「愛される上司」を演出して、精神的上下関係を維持しています。中間管理職も含めて、上の表現でいう

脚注：「マウンティングの儀式」＝サルの社会の言葉。オスが自分の方が上位であることを示すために、下位のオスに、まるで性交するように後ろからのしかかることをいう。人間社会では、比喩的に、それに類した上下関係を誇示するような言動をいう。

「猛獣使い」、一般には「親分」と呼ばれる役割をちゃんと演じることができていたのです。

「親分・子分」の関係がベースのやくざ型「フロー経営」組織では、このように上から下まで精神的な序列がしっかりと安定的に確立しており、ほとんど揺らぎません。おそらくこれが、親方日の丸とも揶揄されてきた伝統的な日本のマネジメントの標準的な姿なのでしょう。

「親分・子分」の関係がない、「実存的変容」による「フロー経営」では、上下関係が希薄になり、「マウンティングの儀式」はなくなります。


天外塾でお会いする経営者のほとんどは、「**後期自我**」で戦いの人生を歩んでおられます。上記の「オレンジ星人の特徴」(4章)のうち

24. 人や組織を支配し、コントロールしようとする。
25. 部下に仕事を任せることができない。

……などが濃厚です。自分が先頭に立って戦っていないと精神的に不安になってしまうため、部下に仕事を任せられないのです。

ところが、「不良社員マネジメント」は、仕事の面ではかなり部下に任せていました。中間管理職も森園さんを見習って、鷹揚な親分マネジメントができていました。「猛獣使い」

というのは、「できた人」に分類され、だからこそ「できる人」＝「不良社員」が生きるのです。

Ｆ・ラルーの定義では、権限を委譲するマネジメントは「グリーン」に分類されます。

引用23：多元型（グリーン）組織のマネージャーなら、部下には極力権限を委譲してほしいという要請をトップから受けてるはずだ。（Ｐ72）

しかしながら、「不良社員マネジメント」が「グリーン」かというと、全然違います。「優しく、協調的で、争わない」という「グリーン」の基本特性はまったくありません。皆親分の方を向いて仕事をし、親分には逆らいませんが、同僚間の争いは結構激烈でした。

結論からいうと、「不良社員マネジメント」というのは、「親分・子分」の関係や、「仲間内とそれ以外を激しく区別する」という「アンバー」の特性を持ち、「高い達成意欲」という「オレンジ」の特性も持ち、なおかつ「権限委譲」という「グリーン」の特性も併せ持っている経営スタイルだといえます。

このあたりが、Ｆ・ラルーの提案する段階構造も、４章で述べたＫ・ＷⅡの階層構造も、単に「参照モデル」にとどまり、実際にはその複数にまたがる特性を発揮していることが多い、という点にご留意ください。

◇ラルーの組織の段階構造を再定義する

さて、以上の考察を考慮して、F・ラルーの提案する組織の段階構造をもう一度眺めてみましょう。

F・ラルーは、恐怖で支配する「レッド（衝動型）」は、非合法組織しか存在しないといっています。

引用24：先進国の場合、衝動型（レッド）組織は合法的活動から逸脱した分野でしか生息できない。（P62）

一方、「ワンマン組織」というのは身近に多くみられます。同じワンマンでも、「初期自我」

丸出しのわがままな経営なら、F・ラルーの定義通りの「レッド」ですが、多くのワンマンは、もう少しはましですね。仁徳があり、ある程度の権限委譲ができているワンマンは、むしろ「グリーン」に近いでしょう。

新しく定義する「レッド」は、身近によく見られる蒸気機関車のようにひとりで牽引している「ワンマン組織」にしました。イドから出てくる原初的な欲求をどのくらい「超自我」でコントロールできているか（つまり、どの程度エゴ丸出しか）、は問わないことにします。F・ラルーの定義によるレッドはもちろんのこと、アンバーでも、オレンジでも、グリーンでさえ、「ワンマン組織」はすべて「レッド」と呼ぶ、という提案です。

この定義は、個人の意識の成長・発達の階層構造からはちょっと離れて、組織特有の階層になります。K・ウィルバーの理論から外れた定義です。

やくざ組織は、恐怖による支配というよりは「義理・人情」と「共依存」なので「レッド」ではなく、「アンバー」に定義しました。F・ラルーは、「グリーン」を家族型と定義しましたが、やくざ組織も家族的ですよね。依存が少ない、サバサバした家族（グリーン）と、依存が残ったドロドロした家族（アンバー）の違いです。

森園さんの経営を一応「アンバー」に入れましたが、仕事での権限委譲など、むしろ「オレンジ」より「グリーン」に近い様相もあり、悩ましいところです。

「アンバー」はF・ラルーのオリジナルの軍隊的階層組織と、天外が定義したやくざ組織の並立にしました。このふたつは、本来は分けるべきであり、いずれさらに検討して整理したいと思います。

『ティール組織』の階層構造：天外による再定義

①**レッド**：すべてを掌握した強力なリーダーが、蒸気機関車のように牽引する階層が希薄なワンマン組織

②**アンバー**：軍隊のような規則と規律で統率された階層組織、もしくは「義理・人情」と「親分・子分」の共依存関係で強力に結ばれた家族的階層組織

③**オレンジ**：目的意識を共有し、効率と実力を重んじるシステマティックな階層組織

④**グリーン**：平等、多様性、環境などを重視したボトムアップ型家族的組織

⑤**ティール**：自主性、全体性を重視した上下関係のない生命体的組織

6章

天外塾と鳥の瞑想

4章で、1960、1970年代のカウンター・カルチャー運動は「後期自我」的な「戦いの社会」に対する反発、いわば「実存的変容」への胎動だった、と述べました（P136）。当時はまだ「ティール」は姿を現してはおらず、「オレンジ」、「アンバー」のパラダイムに反発した若者たちにより、「グリーン」的なコミュニティが探求されていました。

理想社会を夢見た彼らは、西洋文明への幻滅から東洋文化に憧れ、仏教、ヒンズー教、瞑想、坐禅、ヨーガなどがもてはやされました。そのほかには、「ドラッグ」と「フリーセックス」がヒッピー文化として定着していました。

一時は、雨後の筍のように、おびただしい数のコミュニティが生まれましたが、そのほとんどは程なく破綻しました。中には「オウム真理教」のように犯罪にまみれたケースも結構ありました（「オウム真理教」は明らかに、カウンター・カルチャー的なスピリチュアル・コミュニティのひとつですが、「グリーン」というよりは、「レッド」ですね）。

破綻の原因は、例外なく「シャドーの投影」です。「真綿の鎧」を着て、いい人を装っているのですが、どこかでモンスターが暴れてしまうのです。一般的には、人間関係のもつれで破綻していくケースがほとんどですが、極端にモンスターが暴れると「オウム真理教」のようになります。

結局、シャドーを抱えたままの「オレンジ星人」が、いくら理想の社会を目指しても、どこかで「正義vs悪」の戦いが始まってしまうのでしょう(「オウム真理教」は、一般社会からは「悪」に見えますが、本人たちは邪悪に満ちた社会に対しての「正義の戦い」と信じていたと思われます)。

スコットランドの北端近くに、フィンドホーンと呼ばれるコミュニティがあります。設立が1962年、まさにカウンター・カルチャー真っ只中に生まれた、まぎれもない「グリーン」コミュニティのひとつですが、珍しく破綻を免れ、現在でも盛んに活動をしています。まだ、「オウム真理教」事件の衝撃が冷めやらぬ1997年、私は15人ほどの日本人を引率してフィンドホーンを訪れました。全員が大きな葛藤を抱えており、やっとの思いでフィンドホーンにたどり着いた、という感じでした。

当時は、創始者のアイリーン・キャディーがまだ存命中で、彼女が神の声を聴いて(チャネリング)設立した経緯や、巨大な野菜が育つなどの『フィンドホーンの奇跡』がよく知られており、若者に人気を呼んでいました。あそこに行けさえすれば、苦しい自分の人生が何とか開ける、と思っていた参加者が多かったように思います。

フィンドホーンには、マリオン・リーというスピリチュアル・カウンセラーがおり(2019年7月逝去)、全員がセッションを受けました。英語を喋れない人が多かったので、私は通訳として7、8人のセッションに同席しました。

それぞれの悩みや葛藤はまったく違うのですが、セッションが進むうちに、全員が親子の葛藤の問題に気付いて大泣きする、というパターンが繰り返されました。このセッションだけでは、解決には至らないので、家に帰ってから、毎日行う瞑想法が示されました。

それは、目の前に椅子をふたつ置いて、目を閉じて両親がその椅子に座っているイメージをして、仮想的な対話をする、というワークです。

後になって、これがゲシュタルト・セラピーの「エンプティ・チェア」という正統的な方法論であることを知りました。マリオン・リーは、単に直感とチャネリングだけを頼りにしたスピリチュアル・カウンセラーではなく、正統的な心理療法の手法をしっかりと身に着けておられました。

フィンドホーンでは、ニューエイジのメッカ、エサレン研究所で開発された様々な心理療法、ボディーワークの手法を導入しておりました。

この時のフィンドホーンで、私は、人々が現在直面しているあらゆるトラブルの底に「親子の葛藤」が横たわっているということと、「エンプティ・チェア」という瞑想の方法論を学びました。

◇「エンプティ・チェア」ワーク

2005年から、日本経営合理化協会に請われて、自分で意図したわけでもないのに経営者向けの「天外塾」がスタートしました(2章参照)。そこで、このフィンドホーンでの体験が、思いも掛けずに役に立つことになりました。その経緯をお話ししましょう。

その時の塾生の中に、かなり年配の経営者がおられました。息子への事業継承問題をはじめとして、様々な問題に悩んでおられました。ご自身も、父親からの事業継承の折には筆舌に尽くしがたいトラブルを体験しておられ、15年前に亡くなった父親のことを考えると、いまでも身震いをするほど憎い、といっておられました。

私は、それほど深くは考えずにフィンドホーンで学んだ「エンプティ・チェア」を実行していただくことにしました。椅子の代わりに座布団を置いて、そこに父親が坐っているイメージをして、毎朝、毎晩、瞑想をして仮想的な対話をするのです。

1か月後の天外塾で、その塾生は父親に対する憎しみがまったく消えているのに気付き、びっくりされました。それから程なく、息子さんとの事業継承問題をはじめとする、様々なトラブルがスルスルと溶けていきました。

これには、私の方が驚愕しました。普通、息子さんとのトラブルがあれば、本人と息子さんの関係性に注目して、何とか改善しようとするでしょう。ところが、そこにはまったくタッチせず、15年も前に亡くなった父親との瞑想ワークだけで、息子さんとの関係性が良くなったのです。

このことから、私は父親が亡くなっていても、父親のモンスターが無意識レベルで生きており、人はそれに支配された人生を送っている、ということに気づきました。モンスターという呼び方はこのことから思いつきました（巻頭のモンスター図参照）。

ずーっと後になって、私はこのケースはビギナーズ・ラックだったことに気づきました。この塾生は、20年以上にわたって坐禅や断食に熱心に取り組んでいる瞑想のベテランであり、だからこそ、「エンプティ・チェア」ワークが劇的に効果を上げたのです。

その後も「天外塾」は、（株）アルマック（当時）、日本能率協会などの主催で開催され、2009年からは新たに設立された（株）オフィスJK主催で今日に至るまで継続しています。札幌、大阪、松山、鹿児島などでも、それぞれ現地の主催者のもとで開催されています。

当初は、「フロー理論」、「フロー経営」を情報としてお伝えすることを中心に、時折、葛藤が特に強い人を対象に瞑想ワークを宿題として出していました。うまくいったケースもそうでもないケースもありましたが、次第に瞑想ワークをブラシアップしていき、瞑想のベテランでなくとも効果が上がるように工夫を重ねました。ケースごとに瞑想法を少しずつ変えておりますが、葛藤で生じた情動をしっかりと感じる、という共通点があります。

結果的には、「エンプティ・チェア」からはかなり離れてしまいましたが、いくつかの効果的な方法論が開拓できました（拙著『問題解決のための瞑想法』マキノ出版参照）。

◇実存的変容へ向かう塾生たち

この時役に立ったのが、医療改革のための吉福ワークで身に着けた、人間心理に関する根本原理です。医療改革も経営改革も、「実存的変容」をお手伝いすることだという気付きがあり、根っこは同じだったのです。「天外塾」は講義が減り、ほとんどが葛藤の解消と瞑想ワークに変容しました。

ただし、吉福ワークの方法論は使えませんでした。吉福伸逸さんはエサレン研究所の設立初期から入り浸り、A・ミンデルやS・グロフらと一緒になって、プロセス指向心理学やトランス・パーソナル心理学の誕生に立ち会い、様々な手法を一緒に開拓したひとりです。初期のエサレンメソッドは、侵襲《しんしゅう》が激しく、バイオレンスといわれており、吉福ワークもかなり激しい内容でした

数日間の合宿で、大きな変容を促すという、ものすごい効果がありましたが、その反面、一度アイデンティティ(自我同一性)を徹底的に破壊し、ゼロから構築するという手法のため、受講生は大きなダメージを受け、中には1、2か月寝込む人もいました。一度などは、「ここに出刃包丁があったら、吉福を殺す！」と息巻いた受講生がいたほどでした。

これを経営者にやったら、経営に支障が出てしまうでしょう。そこで、「エンプティ・チェア」をベースに、誰にも強制されずに毎朝毎晩瞑想して、自ら少しずつ変容する、という方法論を開拓しました。方法論が確立するにつれ、「実存的変容」に向かう塾生が飛躍的に増加していきました。

たとえば、人間関係が極端に悪い相手に、心にもない「感謝の言葉」を作文して、毎朝、毎晩の瞑想でそれをマントラのように唱える、というワークがあります（「感謝の瞑想」）。「心にもない」というのがみそであり、そもそも憎たらしい相手なので、心から感謝しろ、といったら3日も続きません。

不思議なことに、どんなに憎い相手でもこれを続けていると、かなりの確率で「心にもない感謝の言葉」がいつの間にか「心からの感謝」に変わっていきます。そのタイミングをとらえて、次の瞑想課題に取り組むのです。

ただし、塾生の葛藤の様子を聞いて、その課題に合う瞑想ワークを選び、1か月間毎朝・毎晩実施して、結果に応じて瞑想法を変えながら指導するというやり方のため、全員はとても無理です。

6カか月の「天外塾」で、20人の塾生のうち3、4人の塾生を選んで大きな変容に導き、他の塾生はそれをリアルタイムで見ることにより、変容への準備が整う、というやり方を取っていました。

一部の人だけでなく、全員で一斉にできる瞑想法はないものかと模索していましたが、

2013年10月から始まった大阪天外塾でそのきっかけがありました。
塾生のひとりは自己否定感が強く、何でも自己否定のフィルターを通して見てしまうので、もう少し自分を客観的に眺められないかといって、「メタ認知（1章、引用1を参照）」の説明をしました。そうしたら、NLP(Neuro Linguistic Program)という心理学手法の中の「クリアな第3ポジション」がまさにそれに相当する、とのことでした。(注)
大阪天外塾の主催者が、たまたまNLPの指導者であり、その塾生もそのトレーニングを受けた経験があるというのです。

その塾生は、1か月で300時間もかかる「クリアな第3ポジション」のワークをやるという宿題を引き受けました。自営業だったのですが、仕事より優先させ、通勤途上もサウナに入っている時もワークを続け、何とかやり遂げました。NLPの基礎も、もう一度勉強したそうです。
翌月の「天外塾」で、「生きている現象面で、何か変わってきましたか」という私の質問に対して、「自分の次の大きなステップアップにつながる、ゾクゾク感じるような大仕事が舞い込んできました。〝来たぞ・来たぞ〟と期待したのだが、結果的には失敗してしまい、ステップアップできませんでした」という報告がありました。

結論的にいうと、この塾生の「メタ認知」は、その時点ではまだ目覚めていません。なぜなら、「次の大きなステップアップにつながる」とか「失敗してしまい」というのは、「判断」であり、NLP的にいえば第1ポジション、つまりすったもんだしている表面的な自分の視点から一歩も出ていないからです。

◇鳥の瞑想

時を同じくして、東京の天外塾では農業をやっている主婦の塾生が姑との人間関係に悩んでおられました。やはり、自己否定感が強いのが原因です。

私は、吉福ワークで「メタ認知」を獲得するために、「鳥が自分を見ている」という観想

注:「クリアな第3ポジション」
自分の視点を「第1ポジション」、相手の視点を「第2ポジション」、第3者の視点を「第3ポジション」とし、その視点で見るトレーニングをする。それが「クリア」だということは客観的であること。トレーニングとしては、電柱や郵便ポストが自分を見ている、という観想のほかにジャグリングなども用いる。

をしたのを思い出しました（ゲシュタルト・セラピーの手法のひとつ）。そこで、急遽「鳥の瞑想」という手法を捏造し、この塾生に1か月間実行してもらいました。

「鳥の瞑想」

①自分の右上後方3メートルの位置に「鳥」が飛んでいるとイメージする。鳥はハチドリのようにホバリングしていても、トンビのようにゆったりと気流に乗っていても、旋回していてもよい。

②鳥は、自分のことを「客観的に」、「中立的に」、「冷静に」、「いい・悪いの判断をしないで」見てくれている、と観想する。（注：何か物事が起きた時、あるいは人と対峙した時、自分はいろいろな情動にとらわれ、「いい・悪い」を決め付ける。それを抑圧しようとはせず、そういうすったもんだしている自分とは別に、まったく動じない鳥がいる、と思う。たとえ全財産を失っても、あるいはオリンピックで金メダルを取っても、鳥は悲しんだり、有頂天になったりしないで、ただ、ありのままの事実を淡々と眺めている）

③これは、365日、24時間のワーク。忘れていても、ふと気付いたら鳥をイメージする。

④朝晩、軽い瞑想をして「いつも見守ってくれてありがとう」と、鳥に感謝する。これは、自分に「鳥の瞑想」を続けているよ、と念を押す儀式。

⑤イメージの中で、鳥が近付いてきたら失敗。必ず3メートル以上の距離を取る。

⑥鳥は、巻頭のモンスター図の「もうひとりの自分＝真我」の象徴。本来、古い脳が担当する「あの世」の存在。「あの世」には時間・空間がないので、鳥は、どこにいるか存在がわからない非局所的な存在。それを、3m以上の距離を取ることで象徴的に表している。鳥が近付いてくると、非局所的な存在が破れ、大脳新皮質が担当する「この世」の住人である「否定的なもうひとりの自分」を呼び出してしまい、自己否定のループに入ってしまう。「実存的変容」以前の人は、「否定的なもうひとりの自分」を強力に育ててしまっているので、常に自己否定のループにはまっている。そこから脱却するのが「メタ認知」。

⑦「もうひとりの自分＝真我」は、守護霊、ハイヤーセルフ、ご先祖様などの概念と重なる。しかしながら、それらをイメージすると、人はとかく「いい・悪い」の判断に陥りやすい。それを防ぐために、おバカな鳥にした。

1か月後の「天外塾」で、その塾生はとても効果があったと報告してくれました。子どもが熱を出した時に、何のてらいもなく姑に世話を頼むことができ、それをきっかけに関係性が劇的に改善したということでした。

「いままでは、電車の運転席のすぐ後ろで、前方をすごい勢いでにらみつけるように生きてきた。それが、3両目くらいに下がって、全体を遠くからボーっと眺められるようになった。生きるのが、とても楽になった。」

……と、報告してくれました。これは、「メタ認知」が獲得できた見事な表現です。

この後「天外塾」では、塾生全員が一斉に「鳥の瞑想」を実行するようになりました。鳥のイメージをつくりやすいように、最初に深い誘導瞑想の中でイニシエーションを実行しています。

鳥が肩にとまってつついてくる、などの笑える失敗談もたくさんありましたが、中にはこの瞑想法だけで「実存的変容」に達する人も何人か出てきて、これは「天外塾」の大切な定番になりました。

いまの「天外塾」では、「実存的変容」をさらに促すため、3つの深い瞑想ワーク（すべて全3回、天外塾、由佐塾、生き方塾の卒業生のみを対象）を提供しております。

①インナーチャイルド・ワーク（2〜4月）＝幼児期のトラウマの解消。ジェンドリンのフォーカシングや沖縄の稲福医師による「苦玉瞑想」などを導入。

②親子の葛藤を解消するワーク（5〜7月）＝ユング心理学に根差した「親殺しの瞑想」（4章）、浄土真宗の「身調べ」に根差した「内観瞑想」、生まれ直しを深い瞑想の中で体験する「リバーシング瞑想」など。

③運力強化セミナー（9〜11月）＝ラム・ダスが開発した「死の瞑想」、ハイヤーセルフ、真我に出会う瞑想、インディアンの長老から授かった「感謝の瞑想」など。

さらには、経営者以外の人を対象に「宇宙の流れに乗る生き方塾」（10月〜翌年1月、全4回）＝メンタルモデル瞑想（7章）、鳥の瞑想（6章）、ホ・オポノポノ瞑想など（注191ページ）……）がスタートしました（9章）。

外部講師によるセミナーとしては、メンタルモデル（7章）の提唱者、由佐美加子さんによる「由佐塾」（3月〜7月、全4回）、第1回ホワイト企業大賞を受賞されたネッツトヨタ南国の創業者、横田英毅さんによる「横田塾」（1月〜3月、全3回）などがあります。

また、「ティール型組織運営」の基礎編と実践編として、F・ラルー『ティール組織』の解説を書いておられる東京工大特任准教授の嘉村賢州さんによる「嘉村塾」（1月～3月、全3回）と、第3回ホワイト企業大賞を受賞されたダイヤモンドメディアの創業者、武井浩三さんによる「武井塾」（7月～9月、全3回）などを開講しております。

さらには、収益性だけでなく、「いい会社」に共感的に投資することにより、抜群の投資実績を上げてこられた鎌倉投信を立ち上げ、その後「ｅｕｍｏ」という共感通貨による社会改革に取り組んでおられる、新井和宏さんによる「新井塾」（4月～6月、全3回）も、２０２０年から開講します。


最後に、天外塾の祈りの言葉とフィロソフィーを載せます。

天外塾の祈り

「いかなる状況になろうとも、私は起きた結果を全面的に受け入れます。逃げません。誰のせいにもしません。誰も非難しません」

……これを、毎朝毎晩１０８回ずつ唱えると、どんな難局も乗り切れます。

天外塾のフィロソフィー

「混沌の中で、混沌をものともせずに、しっかり坐る」

……これは、愛と平和にあふれた美しい状態を追い求めるのではなく、紛争と混乱と問題だらけのカオス状態が順調で当たり前だと受容し、その中で心を乱さずにひたすら存在する、という意味です。「坐る」というのは、坐禅の心理状態を示唆しています。

注：「ホ・オポノポノ瞑想」（天外流＝ヒューレン博士流とは違う）

ヒューレン博士は、ハワイ先住民の智慧を一般化して「ホ・オポノポノ」という手法として提示しました。それは、対象者をイメージして「ありがとう」、「愛しているよ」、「ごめんね」、「許してね」という4つの言葉を心の中で唱える、という方法論です。ハワイ語はひとつの単語が多くの意味を持っており、たとえば「アロハ」という言葉は、日本語にすると20以上の意味があるそうです。上の4つの言葉は、ヒューレン博士の解釈です。天外は、いくつかの訳語を吟味した結果、次の4つの言葉を採用しました。

「すべては光」、「受けたもう」、「ありがとう」、「愛しているよ」

2番目の「受けたもう」というのは、日本の修験道の言葉です。修行中はこの言葉以外は禁止されます。すべての結果や叱責などを、ひたすら受容する、という行です。当初は、最初のふたつを「光と共に」、「受け入れる」にしていたのですが、天外塾の祈り（P190）との整合性を考えて、修験道の言葉を導入しました。ハワイ語の訳語とは少しずれますが、この方がより効果的だと思います。これらの言葉をただ唱えるのではなく、まず瞑想に入り、百会（頭頂）、膻（だん）中（胸）、丹田、会陰（肛門と性器の間）の4か所を意識してそれぞれの言葉を唱えます。これが、天外流ホ・オポノポノ瞑想。

7章

メンタルモデル瞑想法

幾多のセミナーやワークショップに出ましたが、生涯で二度ほど大きな衝撃を受けた出会いがありました。そのひとりが吉福伸逸さん（2章、6章）、もうひとりが本章で紹介する由佐美加子さんです。

2015年6月、2日間のホワイト経営合宿が保健農園ホテル「フフ山梨」で開かれ、20名ほどの参加者が集まりました。講師の由佐美加子さんは、ホワイト企業大賞の企画委員をお願いしており（その後退任された）、何度もお会いしておりましたが、ワークショップは初めてでした。

彼女は、参加者がいま直面している**「不本意な現実」**を聞き、それがなぜ起こっているのかを見事に論理的に解き明かしていきます。普通は、「不本意な現実」に直面すると、人は外側を変えようとします。じつは、外側の状況をいくら変えても、表面的な対処にしかならず、根本的な解決にはなりません。この認識は天外塾でも同じです。

天外塾では、本人が問題だと思っている事象の背後にある認識パターンと情動のエネルギーに注目します。1章、引用8の解説（P45）で述べた例では、怒りを感じる事象が発生していましたが、たとえその事象を表面的に解決しても、根本的な怒りのモンスターが解消していなかったら、また怒りのエネルギーをぶつける事象を外側に見出してしまうので同じことを繰り返す（引き寄せる）、と述べました。

由佐さんは、それを、もう一歩踏み込んで、本人の内面的な意識構造が、実際に外部の出来事をつくり出している、という前提でひも解いていきます。「不本意な現実」というのは、いまの意識状態では駄目ですよ、ということを親切にも知らせてくれている宇宙の（あるいは神の）大切なメッセージだというのです。

これは、世の中の一般常識からは外れていますし、科学的な説明はできません。しかしながら、天外塾で瞑想ワークを実施して内面が整うと、外側で起きる事象が変わるという、とても不思議な体験は頻繁に起きております。たとえば、相手に対しては何にもアクションを起こしていないのに、瞑想ワークで内面が整うと、相手の態度や行動パターンががらりと変わる、まるで違う人のようになったなどという現象です。あるいは、別れた奥さんに対する瞑想ワークを実施して、憎しみが消えると、何年も会えなかった子どもに町の中で偶然ばったり会うなどの例も頻繁に起きます。

これは、人間が内面に創り上げている意識の宇宙と、外側に存在する実際の宇宙が何らかのリンクを形成している証拠のように思われます。したがって、私はこの由佐仮説を支持しております。

◇人間の内的世界が外側の現実を創り出している

由佐さんは、機関銃のように言葉を発しながら、内面の意識構造を論理的にひも解いていきます。でも、そのときの相手の情動の動きに対する観察力、的確な言葉を瞬時に選ぶ力は、おそらく誰も真似はできないでしょう。

私は大いに感動を覚えて、翌年からの天外塾に講師としてお迎えすることにしました。2019年、由佐塾は7期目を終えました。毎年募集を開始するとすぐに満席になります。

その後も、由佐さんはどんどん進化を続けておられます。塾生を激しく切り刻みますが、言葉にとても暖かい愛がこもっていますので、吉福ワークのようなダメージは塾生に与えません。

由佐さんは、既存の心理学やセラピー手法をベースにするというよりは、自ら15年以上にわたってセッションを続ける中で見出してきた独自の理論が中心です。その仮説のひとつが、上で述べた「人間の内的世界が外側の現実を創り出している」という基本原理です。(P45、1章、引用8)これは、既存のいかなる学問にも受け入れられることはないでしょう。学問というのは、合理性、論理性、検証された事実を拠り所としているからです。

ユングの「共時性」は、まったく合理性から切り離された提案です（2章）。ユングは、「共時性」という概念を思いついてから、正式に公表するまでに50年の歳月を費やしています。下手に公表すると、学者生命が脅かされると思ったのでしょう。ただし、現在でも「共時性」は心理学辞典には載っておらず、心理学という学問から切り離されたユングの私的な意見、という扱いになっています。

上記の由佐さんの基本原理も、たとえ世の中に受け入れられたとしても、心理学という学問の外側に位置し、「共時性」と同じような扱いになるでしょう。

◇メンタルモデルとは

由佐さんの仮説のもうひとつのベースが、本章でご説明する**「メンタルモデル」**です（P・センゲが『学習する組織』（英治出版）で定義している「メンタルモデル」とは全然違う概念なのでご注意ください）。こちらは、検証データとともに上手に提案すると、ひょっとしたら学問的に受け入れられるかもしれません（由佐さんはまったくその気はないようです）。私の目には、いままでの心理学の常識を全面的に覆す、驚くべき大発見に見えます。

「不本意な現実」がなぜ起きるのか。由佐さんは、15年の歳月をかけて探求した結果、あらゆる人間は「否定的な信念体系」を抱えており、それがまるでPCにおけるOSのように、その人の人生を規定している、ということに気づきました。セッションを続ける中で、その「否定的な信念体系」は、わずか4つに収束することを知り、「メンタルモデル」と呼ぶことにしました。

本書はここまで、人間の深層心理の働きを、**「モンスター」**という概念で説明してきました。これは深層心理学でいう「シャドー（広義）」という概念を「発生要因」から記述したもので、天外の提案です。心理学者たちがすでに提案している**「性欲」「死の恐怖」「バーストラウマ」「トラウマ」「シャドー（狭義）」**の5匹の基本的なモンスターの他に、**「親のモンスター」「嫌味な上司のモンスター」**など無数のモンスターを無意識レベルに抱えているという考えです。

この考え方は、既存の深層心理学の学説を、呼び方を変えてごく自然に拡張しただけであり、それほど独創的な内容ではありません。

由佐さんが定義した**「メンタルモデル」**というのは、この「シャドー（広義）」を、発生要因とは真逆の「現象面」から記述していることになり、心理学者たちがひっくり返って驚くほど独創的です。

「発生要因」から記述すると、何百匹、何千匹と無数に拡大してしまうのに対して、「現象面」から見ていくとわずか4つに収束していく、というのがみそです。数が減れば、見違えるように扱いやすくなります。

これは「天外塾」を推進する中で、私も気づいていました。たとえば、「親のモンスター」に対する瞑想ワークがうまくいくと、ひとりでに上司との人間関係が改善する、といったことが頻繁に起こるからです。私たちは、「親のモンスター」と「嫌味な上司のモンスター」は別の存在だと思っていますが、じつは無意識レベルでは溶け合って1匹になっているのです。ですから、個別の発生要因ベースのモンスターは、さしたる意味はなく、どれでもいいから適当なモンスターを1匹捕まえて瞑想ワークをすれば、ひとりでに芋づる式に次々と葛藤は解消していきます。

したがって、現象面から眺めると、わずか4つに収束する、というのは納得できる話です。まずは、その4つのメンタルモデルを列挙しましょう。

メンタルモデル

Ⓐ「価値なし」モデル（私には価値がない）
Ⓑ「愛なし」モデル（私は愛されない、望む愛はない）
Ⓒ「ひとりぼっち」モデル（私はこの世界で所詮ひとりぼっちだ）
Ⓓ「欠陥・欠損」モデル（私には何かが決定的に欠けている）

これらは、現象面からモンスターを眺め、わずか4つに収束することを確認し、それぞれに名前を付けた、ということです。私は当初、幼児期のつらい体験からこのようなメンタルモデルが形成されると考えていました（拙著『日本列島祈りの旅　1』ナチュラルスピリット参照）。

ところが、自分史を徹底的に分析した結果、そうではなく、これは血液型と同じように持って生まれた特性であるとの確信に至りました（詳細は、由佐、天外、共著『ザ・メンタルモデル』内外出版社・参照）。血液型が生まれつき、A、B、O、ABの4種に分かれるように、メンタルモデルも生まれつき、上記のⒶ、Ⓑ、Ⓒ、Ⓓの4種に分かれるようです。

上記で、メンタルモデルというのは、PCのOS（基本ソフト）のようなものだ、と述べました。メンタルモデルも、広義の「シャドー（モンスター）」のひとつの表現ですから、表面的には見えませんが、その人のあらゆる発想、あらゆる言動は、どうあがいてもそれから逃れられないのです。3章で、人はモンスターに支配されていると述べましたが、言葉を換えればメンタルモデルに支配されているともいえます。

3章では、「シャドーの投影」という形の支配の様子をお話ししました。それとはちょっと違い、メンタルモデルは否定的な信念体系で、過去に体験した手ひどい痛みに関連しているので、本人は絶対に触れたくない、それがないことにしたい、できれば逃げ出したい、という形で人生にかかわりあってきます。

本当は自分の一部であるのにもかかわらず、激しい**「分離」**を起こしているのです。メンタルモデルに触れるという、その人にとって耐え難い**「不安と怖れ」**から、いかに回避するか、ということでその人の人生が決まってしまいます。3章では**「戦いの人生」**と述べましたが、メンタルモデルの視点からは**「怖れの人生」**といい換えることもできます。

回避には**「克服」**と**「逃避」**のふたつの方向性があります。

◇ 2つの回避行動「克服」と「逃避」

3章で述べたように、「モンスターのエネルギー」を「戦いのエネルギー」に変えて社会的な成功を勝ち取っていく、というのもひとつの**「克服」**のパターンです。

ところがメンタルモデルは、自分の内側にあるわけで、それから逃れようと外側にいくら働きかけても、なくなるものではありません。結果的に、その人は社会的に成功したにもかかわらず、相変わらず「怖れと不安」にさいなまれ、さらなる「戦い」に駆り立てられる人生になります。戦うだけのエネルギーがない人は、**「逃避」**の方向に行き、「あきらめの人生」になるか、引き籠りか鬱になってしまいます。

これが「実存的変容」以前の**「分離の人生」**、つまり「戦いの人生」「あきらめの人生」あるいは「怖れの人生」です。

いままで多くの人が「社会的な成功」の方法論を説いてきましたが、そのほとんどが「分離の人生」の教えでした。「分離」したまま社会的成功を達成する方法論です。単に社会的成功を目指すだけだったら、それで十分です。

＊＊＊＊＊「実存的変容」というのは、「分離の人生」の一歩先にある「統合した人生」への道です。「怖れ」「不安」「戦い」「努力」「充実」の人生から、「愛」「調和」「平安」「幸福」な人生への変容です＊＊＊＊＊

◇経営塾で見られる「怖れと不安」の実例

3章で述べた「発生要因」から記述したモンスターに比べて、「現象面」から記述したメンタルモデルは、実際に起きている現象を直接的に説明できるという特徴があります。一例をお話ししましょう。

天外塾で、「フロー経営」をお伝えして、権限委譲をして仕事を部下にまかせてしまうことをお薦めすると、最初に経営者がとらわれるのは**「失敗する不安」**です。「うちの社員は、ソニーさんとは違って優秀じゃあないから……」というセリフをよく聞きます。

じつは、まかせていないから社員が育っていないのですが、それには経営者は気付いていません。失敗して、責任だけ取らされるのはかなわない、というのです。「俺は家も抵当に入れて身体を張っているのに……」というセリフもよく聞きます。この時点では、そのひとにはメンタルモデルがまだ見えておらず、無意識のうちに「克服行動」に走っている、といえます。

ところが、瞑想ワークなどを実施して葛藤が解消してくると、今度は不思議なことに仕事をまかせた時に**「成功してしまう不安」**がでてきます。はたから見れば、成功すれば結果オーライだと思いますが、本人にとってはそうはいきません。自分が関与しないで成功してしまうと自分の存在価値が揺らいでしまうからです。つまり、その人にとって企業を経営して成功することが自らの価値を証明するための手段となっており、たとえ自分の会社であっても、他の人がリーダーシップを取って成功することは許せないのです。

これは、メンタルモデルから逃れようと**「克服行動」**として経営しているのに、それが通用しなくなり、メンタルモデルに直面しなければいけなくなる不安が底の方に横たわっていると解釈すると、とてもきれいに説明できます。

天外塾では、この不安が見えてくると「おめでとう」といいます。「実存的変容」への一歩目だからです。多くの塾生が、この不安に必死に耐えて、人によっては鬱のようになりながら「実存的変容」へ向かいます。

◇メンタルモデルごとに起こる「不本意な現実」

もうひとつのポイントは、その人が直面している**「不本意な現実」**がメンタルモデルでパターン化できることです。

「価値なし」モデルの人は、「(こんなにやっても)やっぱり自分には価値がない」。「愛なし」モデルの人は、「(こんなにやっても)やっぱり自分は愛されない」。ひとりぼっちモデルの人は、「所詮自分はひとりぼっちだ」。「欠陥欠損」モデルの人は「やっぱり自分はダメだ」という結論に、どんな回避行動をどれだけやり尽くしたとしても、必ず行き着く体験を創りだします。

さらには、その人の人生全体の営みが、この4つのメンタルモデルから読み解くこともできます。それは、「実存的変容」以前の人のあらゆる言動が、メンタルモデルから逃れようとしてとっている**「回避行動」**のパターンとして表現されるからです。ほとんどの人が、「回避行動」が人生そのものになっています。「回避行動」の中でも「克服行動」が行動として出てくるので、外からはよく見えます。

メンタルモデルごとの「回避行動」のパターン

Ⓐ「価値なし」モデル

このモデルの基本認識は**「自分には価値がない」**です。それが露呈する「怖れ」から、行動により価値を生み出そうとするのが「克服行動」です。親や社会の承認を得ないと、あるいは社会や仲間にとっての価値を生み出さないと、自分が存在することが許されない、という怖れを抱えています。そのために必死に努力します。結果として社会的に成功する人が多くいます。ところが、外側に働きかけていくら成功しても、内部の「自分には価値がない」という想いはなくならず、相変わらず「怖れ」にドライブされた「戦いの人生」を歩んでいきます。

Ⓑ「愛なし」モデル

このモデルの基本認識は**「私は愛されていない」**、あるいは**「この世界には愛はない」**です。それが露呈する「怖れ」から、愛にあふれた行動に走るのが「克服行動」です。パートナーや子どもに徹底的に尽くし、自らを犠牲にして過剰な奉仕をすることが多くあります。ところがそれは「取引としての愛」のため、「こんなに尽くしているのに」と、見返りが少ないことを常に嘆いています。関係性がとても大切なので、別れに対して過剰に反応する傾向があります。

Ⓒ**「ひとりぼっち」モデル**

このモデルの基本認識は**「どうせみんな自分から離れていく」**あるいは**「どうせ自分はひとりぼっちで、誰かに頼れるあてはない」**です。あらかじめ人間関係を希薄にして、ひとりで生き抜くためのあらゆる手段を講じるのが「克服行動」です。人間関係や社会的関係性を突然スパッと切る行動が特徴です。組織に埋没せず、一匹狼的に行動します。自由と独自性を大切にします。独創的な開拓者、あるいはユニークな表現者として活躍するケースが多いでしょう。

Ⓓ**「欠陥・欠損」モデル**

このモデルの基本認識は**「自分は決定的に何かが欠けている」**です。思わしくない状況で、すべて自分のせいだと思い込む傾向があります。「克服行動」としては、やたらに様々な資格を取りたがります。もちろん、いくら資格を取っても自らの凹は埋まりません。あるいは「逃避行動」として、なるべく目立たないようにひそひそと生きてゆきます。

あなた自身、あるいは身近な人の行動パターンを観察すると、メンタルモデルがわかるかもしれません。さらに詳しく知るために、それぞれのメンタルモデルの特徴をあげておきます。

メンタルモデルそれぞれの特徴

Ⓐ価値なしモデル

＊他人からの評価、親からの評価、世間様の評判をとても気にし、その期待に応えようとする。
＊社会や他人に価値を提供していないと存在することが許されないと思い込んでいる。
＊現実社会の合理的な常識に従う。合理主義者。
＊価値のあること、意味のあることしかやらない。
＊他人も自分も「役に立つか・立たないか」で評価しがち。
＊動いていないと死んでしまう「マグロ」。
＊活動的、攻撃的、戦士、努力家。

＊組織の力学、組織の中での自らの立ち位置を良く心得ており、組織の中でのし上がっていく。
＊権威・権力に従順。序列や秩序を重んじる。
＊親分・子分の関係性を好む。
＊情動を抑圧し、思考に振り回されている。
＊何でも論理的な理由付けをしないと気が済まない。
＊他人軸で動いている、自分がない、千と千尋の「顔なし」。

Ⓑ**愛なしモデル**

＊人に尽くす＝こんなに尽くしているのに……と見返りの少ないことを嘆く。
＊奉仕することで愛されようとする（取引としての愛）。
＊自己犠牲の精神。
＊人とのつながりがなくなること、別れを極端に怖れる。
＊不安感が強い。
＊人の不快感に敏感。
＊自分が欲しい愛はそれではない……と、親にも愛されなかった感。

＊別れても愛をかけ続ける、決して見捨てない。

Ⓒひとりぼっちモデル

＊一匹狼。誰の子分にもならず、誰も子分にしない。
＊愛はあるが、心の底には漠然とした寂しさがある（本人は感じていないこともある）。
＊人間関係が淡白（来るもの拒まず、去るもの追わず）。
＊表面的には冷たい。
＊強い、傲慢、独りよがり。
＊権威・権力におもねらない。組織の力学を無視する。
＊孤独に強い。
＊自らの自由を制限されることには敏感。
＊相手にも自由を与え、コントロールしようとはしない（自由を与えることが愛情表現）。
＊いきなり関係性を断ち切ることが多い。
＊独創的な開拓者、あるいはユニークで個性的な表現者。
＊組織に埋没せず、自分を表現するような仕事をする。
＊「ひとりで生まれ、ひとりで死んでいく」感が強い。

Ⓓ欠陥・欠損モデル

＊自分は出来損ないだ、感が強い。
＊人と比較して、自分をだめだと常に確認し続ける。
＊何事があっても、すべて自分のせいだと思い込む。
＊大勢の中で不安になる、人前で話すのが苦手。
＊目立たない。でしゃばらない。静かで控えめ。存在感が薄い。
＊役割を与えられると安心する（自分からは手を上げない）。
＊看護師、保育士など資格で守られた職業を選ぶ傾向がある。
＊激しい情動が出てくるワークは苦手。
＊人の役に立とうとする。
＊縁の下の力持ち（人知れず支える）。
＊他人との間の垣根が低く、謙虚で圧迫感がないので、誰からも親しまれる。

次ページにあなたご自身でメンタルモデルを決定できるためのアンケートを用意しました。合計点数がひとつだけ突出していたら決定です。

あなたのメンタルモデルを探るアンケート

あなたが、下記の各項目に当てはまると思ったら、ＡＢＣＤそれぞれの下にある四つの数字を全部〇で囲んでください。当てはまらないときにはスルーです。最後に、〇で囲まれた点数をＡＢＣＤ毎にそれぞれ合計してください（マイナスの数字に注意）。

	A	B	C	D
① やる気がない人、価値を出せない人が我慢できない	2	-1	1	-2
② 圧迫感があるといわれたことがある	2	-1	1	-2
③ 常に動き回っている。何もしないと不安	2	-1	-2	1
④ 権威・権力を尊重する	2	-1	-2	1
⑤ 人や組織をコントロールしようとする	2	1	-1	-2
⑥ 論理的、合理的な説明を好む	2	-2	1	-1
⑦ 誰かが自分の元から去っていくことが耐え難い	-1	2	-2	1
⑧ パートナー、子ども、上司、同僚などに奉仕することが喜びだ	-1	2	-2	1
⑨ 「こんなにしてあげているのに!」と、愛が返ってこないことを嘆く	-1	2	-2	1
⑩ 相手の不快な表情に敏感	-2	2	-1	1
⑪ 独創的な開拓者、またはユニークな表現者	1	-1	2	-2
⑫ 自らの自由が制限されることを嫌う。相手にも自由を与える	1	-1	2	-2
⑬ 強引、傲慢、自分勝手といわれたことがある	1	-1	2	-2
⑭ 直感が鋭い。ひらめき型	1	-1	2	-2
⑮ 心の底では「人間は面倒くさい」とひそかに思っている	-2	-1	2	1
⑯ 「自分のせいでこうなった」とひそかに自分を責めることが多い	-2	1	-1	2
⑰ 資格（保育士、看護師など）があるから、何とか仕事ができる	1	-1	-2	2
⑱ ひっそりと、人知れず、縁の下で支えるのが好き	-1	1	-2	2
⑲ 褒められる、評価されることを常に意識して行動している	2	1	0	1
⑳ 孤独を好む。孤独に強い	-2	-1	2	1
㉑ 価値あること、意味あることしかやりたくない	2	0	1	0
㉒ 人間関係が淡白（来るもの拒まず、去るもの追わず）	-1	-2	2	1
㉓ 攻撃的・戦士	2	0	1	-1
㉔ 親分・子分の関係を好む	2	1	-2	1
㉕ 一匹狼	-2	-1	2	-1
㉖ いきなり人間関係や組織をバッサリ断ち切る	0	-2	2	0
㉗ 「自分は駄目だ・出来損ないだ」感が強い	0	1	0	2
㉘ 役割を与えられると安心する（自分からは手を上げない）	0	1	0	2
合計点数	＿＿	＿＿	＿＿	＿＿

合計点数がひとつだけ突出しているのが、

Aの場合、価値なし／Bの場合、愛なし／Cの場合、ひとりぼっち／Dの場合、欠陥・欠損

＊＊＊＊＊メンタルモデルも広義のシャドーのひとつの表現ですから、それを排除したり、逃げたり、抑圧したりしないで、統合することが「実存的変容」になります＊＊＊＊＊

◇統合すると見えてくる「ライフミッション」

統合すると、もう「克服行動」をする必要がなくなり、そのかわりに、それぞれのメンタルモデルごとに天から与えられた使命を遂行するようになります。その使命のことを由佐美加子は「ライフミッション」と呼んでいます。

メンタルモデルで、当初自分に最も欠けていると思い込んでいた要素を世界にもたらす、ということがそれぞれの「ライフミッション」になっています。これを発見した時、由佐美加子は**「宇宙と人間は、なんて美しく設計されているのだろう！」**と感動したそうです。

メンタルモデルごとの「ライフミッション」

Ⓐ「価値なし」モデル

人間は、社会に価値をもたらさなくても、能力を発揮しなくても、存在しているだけで十分に価値がある。つまり、ありのままの命として価値を世界に訴えるのがライフミッション。

Ⓑ「愛なし」モデル

いま、人間が作り出してしまった虚構の愛、条件付き愛、行為としての愛、取引としての愛、奉仕する愛、などを脱し、愛は命をはぐくむ生命エネルギーそのものだから、世界には「無条件の愛」しかない、ということを訴えるのがライフミッション。それは、自己愛からしか始まらないのだという世界観。

Ⓒ「ひとりぼっち」モデル

宇宙は、全体としてひとつの生命体だ、という「ワンネス」の世界観を訴えるのがライフミッション（P47－49、1章、引用11、12）。人間の本当の命題は、分離した体をもって、どう統合を図るかということなので、さしあたり人々を「実存的変容」へ導く活動に邁進する。

Ⓓ「欠陥・欠損」モデル

人間っていうのは、こんなにいびつで、強欲で、汚い存在なのだけど、あるがままで人は美しい、デコボコで完全だ、そのままで存在していてもいいんだ、という世界観をもたらすのがライフミッション。デコボコのまま、この人たちが存在することにより、そこに安心・安全の場ができる。

◇私のライフミッション

私自身のメンタルモデルは「**ひとりぼっち**」です。経営塾のつもりで始めた「天外塾」が塾生の「実存的変容」をサポートするように少しずつ変わってきており、由佐美加子に指摘されるまでは気付かなかったのですが、いつの間にか「ライフミッション」を実行する人生になっていました。考えてみると、永年取り組んできた「医療改革」も「教育改革」もすべて「実存的変容」がメインテーマになっています。

25年前から本を書いていますが、「宇宙全体がひとつの生命体だ」というちょっと突出した仮説を広めてきました。これはまさに「ワンネス」の主張です。

第3回、第4回のホワイト企業大賞をそれぞれ受賞された、「ダイヤモンドメディア（株）」創業者の武井浩三さん、「(株) 森へ」の山田博さんは、ともにメンタルモデルは「ひとりぼっち」です。

この2社は、まだ「ティール」という言葉がない時代から、独自に工夫をして「ティール経営」を開拓してこられました。

武井さんは「自然《じねん》経営研究会」を組織して、ティール的な経営を世の中に広める活動をされていますし、山田さんは人々を森にいざない、3日間のワークで「実存的変容」へ向かえるようにサポートしておられます。

ともに、見事に「ライフミッション」に沿った人生を歩んでおられます。

◇メンタルモデルごとの「ティール組織」

さて、日本では数少ない「ティール経営」の実践者である、武井浩三さんと山田博さんが共にメンタルモデルが**「ひとりぼっち」**であることにご注目ください。私は、これは偶然ではない、と判断しております。

「ひとりぼっち」の特性のひとつに**「独創的な開拓者」**というのがあります。誰に教わるということもなく、お手本もないところから、あのような常識破りのユニークな経営を樹立できるのは、ほとんどの場合**「ひとりぼっち」**です。

ということは、F・ラルーが『ティール組織』をまとめるときに調査した会社は、ほとんどが「ひとりぼっち」が開拓した、と考えても、ほぼ間違いないでしょう。この本の功績は偉大で、こうやって体系化することにより、今後は「独創的な開拓者」以外、つまり他のメンタルモデルの人も「ティール組織」を運営する可能性が出てきました。

じつはこれは、天外塾で武井浩三さんを講師にお迎えして、ダイヤモンドメディアの経営に関してのセミナーを開いていた時に、たまたまメンタルモデルが「愛なし」の塾生が異議を唱え、議論に発展したことから気づきました（武井浩三、天外伺朗共著『自然《じねん》経営』内外出版社）。

メンタルモデルごとに経営に対する感覚はかなりの相違があり、大切にしていること、守りたいことが違うのです。そうすると、これから「ひとりぼっち」以外の人が「ティール経営」を実行するようになると、F・ラルーが『ティール組織』で記述したのとはかなり違う、バラエティーに富んだ経営スタイルが出現することが予測されます。

下記に、現在の知識で予測できる範囲で、それぞれのメンタルモデルの人が「ティール組織」を運営したら、どういうスタイルになるかを表にしました。現在観察できるのは「ひとりぼっち」スタイルのみですから、それ以外は検証できておらず、おぼろげな推定にすぎません。

また、これらは単独のメンタルモデルの反映ですが、複数の異なるメンタルモデルの人が共同でリーダーシップをとった場合には、さらに複雑になり、ちょっと予想の限界を超えております。いずれにしても、今後の実地での展開が楽しみです。

メンタルモデルごとの「ティール組織」

Ⓐ「価値なし」モデル

このモデルの人は、「実存的変容」以前のレベルのときには、自らが価値ある存在であることを証明しようとして、社会のなかで成功するための努力を惜しみません。

「実存的変容」に達すると、人は成果をあげなくても、他人に評価されなくても、存在しているだけで十分に価値があることに気づき、それを世のなかに広めるという生き方になります（ライフミッション）。したがって、ティール組織を運用するようになると、成果や能力に無関係に報酬が決まるとか、存在そのものを尊重するような仕組みを作るでしょう。強いて命名すれば「存在重視型ティール組織」と呼べます。

ティール組織ではありませんが、「未来工業」（第1回ホワイト企業大賞受賞）や「べてるの家」（統合失調症の人のための互助施設）が参考になるでしょう。

Ⓑ「愛なし」モデル

このモデルの人は、「実存的変容」以前のレベルのときには、愛情豊かで、盛んに人に奉仕をします。しかしながら、条件付きの愛のため、いくら奉仕をしてもなかなかそれに応えてくれない、といつも嘆いています。

「実存的変容」に達すると、世界は無条件の愛に満ちていることに気づき、それを実現し、啓蒙するような生き方になります（ライフミッション）。したがって、ティール組織を運用するようになっても、「無条件の愛」が中心的なテーマになります。つながりを重視するので、とても家族的な組織運営になるでしょう。

F・ラルー『ティール組織』だと、家族主義経営はグリーンに分類されますが、関係性を重視した「家族主義型ティール組織」というのは、大いにあり得ると思います。家族主義経営は日本のお家芸であり、これから、このタイプのティール組織が増えてくることが予想されます。

「ひとりぼっち」モデル

このモデルの人は、「実存的変容」以前のレベルの時には、自由、孤独、独創性、ユニークさを愛し、一匹狼的に行動します。人間関係や、組織をいきなりスパッと断ち切るのも特徴です。

「実存的変容」に達すると、宇宙は元々一体である「ワンネス」に気づき、その概念を世界に広める生き方になります（ライフミッション）。「ティール組織」というのは、生命体的な「ワンネス」の世界なので、このモデルの価値観にピッタリです。したがって、ライフミッションとしては、自分が「ティール組織」を運営するだけでなく、人々が「ティール組織」を実行するように導くか、あるいは「実存的変容」に導くか、などの活動をするようになります。

「ティール」という言葉がまだない頃から、この方向の組織を独創的に模索してきた人は、ほとんどこのモデルでしょう。自立、独立、自由を尊重するので、社員が成長するか、モチベーションが高いか、などには関心が薄く、それは個人の勝手、という姿勢を貫くでしょう。関係性に執着しないので、流動的な組織になりやすいと思います。これは「個性尊重型ティール組織」と呼んでもいいかもしれません。

実例としては、「ダイヤモンドメディア」（第3回ホワイト企業大賞受賞）、「森へ」（第4回ホワイト企業大賞受賞）などがあります。また、F・ラルーが『ティール組織』で紹介したほとんどの「ティール組織」は、このスタイルでしょう。

Ⓓ「欠陥・欠損」モデル

このモデルの人は、「実存的変容」以前のレベルの時には、自らの欠損部分を何とか埋めようと、いろいろな資格を取ったりして、比較的ひそひそと暮らしています。いくら資格を取っても欠損部分は埋まらず、空しさを感じています。

「実存的変容」に達すると、欠損部分を埋める必要はなく、人間は凸凹のままで美しく生きていけることに気づき、それを実践します（ライフミッション）。元々コントロールしようとはしない人なので、「ティール組織」との相性は良いのですが、リーダーシップを取ろうとはしないので、組織が変わるのに時間がかかるかもしれません。社会的弱者を大切にする組織になる可能性が高く、「ダイバーシティ尊重型ティール組織」と呼べるかもしれません。

実例としては、ティール組織ではありませんが、第5回ホワイト企業大賞特別賞「社会復帰支援大賞」を受賞された「北洋建設」などがあります。

◇「ライフ・タペストリー」とは

4章では、K・ウィルバーの初期のモデルに基づいて、人の意識の成長・発達のプロセスをたどりました。これは、深層心理学がベースの記述です。

由佐美加子は、メンタルモデルを中心にして、人生がどう展開していくのか、分離から統合、そしてライフミッションの実現に至る道程を詳細に検討し、独自のライフサイクル論を提案しました。天外が自らの意識の遍歴を精査したところ、まさにその通りになっていることが判明しました（由佐美加子、天外伺朗共著『ザ・メンタルモデル』内外出版社）。この意識の遍歴のことを由佐美加子は**「ライフ・タペストリー（人生の織物）」**と呼んでいます。

ライフ・タペストリー（由佐美加子のライフサイクル論）

①適合期：あるべきはずの「愛」や「絆」が見つからず、「怖れ」や「不安」に駆られて、懸命に外側に働きかけている状態。本質がまだ見えておらず、社会に対する表面的な「適合」で生きています。社会的な成功を収めることもありますが、「怖れと不安」に駆動された人生、「戦いの人生」からは逃れられません。「不本意な現実」が次々に押し寄せてきます。
②直面期：生命の源からの声を無視して、外側に働きかけるという「適合」の生き方が限界に達して、一見すると破綻に見えるような現実に直面します。ほぼ同じことを、アウシュビッツの体験を書いた『夜と霧』で有名なヴィクトール・フランクル（1905－1997）は、「実存的危機」と呼んでいます。（P42、1章、引用6、P226、7章、引用25）
③自己統合期：外側に向かっていた意識が、自らの内面に向かい、「統合」（実存的変容）へ向かうプロセスが始まります。
④体現期：「統合」（実存的変容）がほぼ完了し、当初は欠けていたと感じていた「愛」や「絆」が自然ににじみ出て、外部の人にも感じられるレベル。
⑤自己表現期：メンタルモデル固有のライフミッションに目覚め、人類社会に貢献を始めるレベル。

このライフサイクル論の最大の特徴は**「直面期」**の説明です。おそらく昔から多くの人が「直面期」を体験し、場合によっては人生が破綻したケースも多かっただろうと推定されます。

V・フランクルはそれを観察し、「社会的に成功し、はたから見ると順風満帆に思える人が、突然〝自分は何のために生まれてきたのだろう〟、〝人生の目的は何だろう〟などと悩み始める」と解釈し、**「実存的危機（Existential Crisis）」**と名付けました。（Ｐ42、1章、引用6の解説）

アウシュビッツの体験は、外部から強制的に与えられた危機でしたが、その時に人生の意味を見出すことにより人々の精神的安定が取り戻せることがわかりました。その療法を「ロゴセラピー」と命名し、「実存的危機」にも適用しました。

この「実存的危機」を「シャーマンの危機」(注)と混同する人が多いのですが、私はほぼ別の現象としてとらえています。「シャーマンの危機」というのは、まだ全般的な意識の発達が伴わない状況で、「超個」（Ｐ107、意識の成長・発達のサイクル）のレベルの蓋が開いてしまうことによる危機です。

それに対して「実存的危機」ないしは「直面期」は、「個」のレベルにとどまっている状態での現象であり、具体的には「実存的変容」への前奏曲なのです。

V・フランクルは、単に「人生の意味」「生きる意味」の探求という観点から「実存的危機」

を定義しましたが、由佐美加子は「メンタルモデル」という概念を導入することにより、なぜそれが起きるのかを、より明確に解き明かしました。また、V・フランクルは、心理学者のため、「実存的危機」を心理面だけでとらえましたが、実際には本人の精神、身体、家族関係、社会的人間関係、社会的位置づけ、などの複数の領域で危機が発生します。

私自身、自分史を詳細に精査すると、明確な「直面期」があぶりだされました。その一部は5章で、親分子分の人間関係からはじき出された会社生活として書きました。じつは、1978年にアトランタ会議の後、高熱を押して全米を回った付けで（5章）重い心臓病と診断されるなど、プライベートな面でもこの時期、様々なトラブルに見舞われました（由佐美加子、天外伺朗共著『ザ・メンタルモデル』内外出版社）。

注：シャーマンの危機。たとえば、沖縄のシャーマンであるユタの研究によれば、ユタは幼少からの複雑な人間関係を背景に成人し、家族間葛藤や身体異常に見舞われ、超自然的・聖的な幻覚・幻聴を伴う心身異常「カミダーリ」を経験します。カミダーリにおいてユタは、夢で毎日のように神霊や祖霊に儀礼的行為を命じられたり、実行しないと激痛に襲われたりと、徹底的な他動的・不可避的苦悩を経験するといいます。多くのユタは、初めユタになることを拒んだまま、聖なる苦悩から逃れようと抵抗しますが、それが近代医学の治療対象にならないこと、先輩ユタにカミダーリ現象と診断されること、聖なる儀礼を執り行うことでカミダーリが消失することなどを通し、神霊や祖霊に従う決意をし、先輩ユタのもとでの修行に入っていきます。世界各国のシャーマンでも、ほぼ同様な体験が報告されています。一般の人でも「クンダリーニの上昇」など、同様な危機に見舞われることがあります。心理学者のS・グロフは、このような現象を体系化して、SE（Spiritual Emergency ＝魂の危機）と名付けました。

その時私が、「人生の意味」「生きる意味」に悩んでいたかというと、そうでもありませんでした。むしろ、「猛烈企業戦士」としての生き方が限界に達した、という感じでした。具体的には「CDの発明者」として、エンジニアとしてこれ以上はないと思われるような成果を上げたにもかかわらず、漠然とした「不安」が払拭できず、さらなる成功を目指して歯を食いしばって努力をしているのに対して、そうじゃないよと、天からのメッセージが来たという感じです。

これは、メンタルモデルという概念を導入することにより、とてもよく説明できます。つまり天外は、社会的成功を収めたにもかかわらず、相変わらず「克服行動」に邁進しようとしたが、それにブレーキがかかった、という解釈です。

したがって、この由佐美加子のライフサイクル論は、人生を見直すとても素晴らしいツールだと私は思います。

F・ラルー『ティール組織』にも、よく読むと「直面期」の記述があります。

引用25：しばらくは、何もかもが手探りで混乱しているように思えるかもしれない。孤独に感じ、友人や家族との親しい関係が崩れ、縁が切れることさえあるかもしれない。

（注：F・ラルーによる「直面期」の表現。P68）

◇メンタルモデル瞑想とは

以上、由佐美加子が提案する「メンタルモデル」の概略を説明しました。由佐美加子のワークショップでは、この理論にもとづいて、前述のように彼女は機関銃のように言葉を発して、クライアントの人生をひも解いてゆきます。不本意な現実からメンタルモデルを探り、いままで回避行動の繰り返しだったことを悟らせ、心の底に横たわる大いなる悲しみなどの情動に気づかせます。それがわかれば、もう回避行動に走らなくなります。

そのプロセスは芸術的であり、天才的であり、おそらく誰も真似ができません。彼女に直接会わないと、このモデルの威力がなかなかわからないのです。

そこで天外は、永年天外塾で培った瞑想ワークのノウハウを生かして、誰の助けも借りずに、ひとりで「実存的変容」へ向かうための「メンタルモデル瞑想」という方法論を開発いたしました。下記にその概略を示します（注：スートラというのは意味がある言葉の組み合わせ、それに対してマントラというのは、意味よりは音のエネルギーを重んじた言葉の組み合わせです）。

天外塾２０１８年度前期（4～9月）、後期（10月～２０１９年3月）、２０１９年前期（4～9月）、第1期、第2期鹿児島天外塾（２０１８年4～9月）、（２０１９年4～9月）などで実施し、すさまじい効果があることが実証されました。それと同時に方法論やスートラを少しずつブラシアップしてまいりました。

メンタルモデル瞑想

①あらかじめ、自分のメンタルモデルを把握する。
②マントラを唱えて瞑想に入る。声を出す必要はない、想うだけ。
マントラは「南無阿弥陀仏」「南無妙法蓮華経」、「アーメン」など何でもいいが、もしまったく宗教に関係がなければ、稲盛和夫氏が推奨する隠れ念仏のマントラ「ナンマン　ナンマン　アリガトウ」がお薦め。

ほとんどの人がこのマントラが合う。この長さだと、64回程度唱えると軽い瞑想に入れる。身近に「Ｏ－リングテスト」ができる人がいたら、自分に合うマントラを調べてもらうとよい。

③「メンタルモデルのスートラ（下記）」を心の中で108回唱える。数珠があれば、それを繰って数を数える。なければ指を折って数えるなど工夫をする。数が数えられなかったら、時間（約20分）で管理する。

スートラはなるべく覚える。ダメだったら、紙に書いて黙読してもよい。

④両手を胸の前で合掌してそれをこする、などの終了の儀式をして瞑想から出てくる。

⑤上記②〜④を朝夕二回（起きた直後、寝る直前など）ひたすら実行する。

⑥スートラが累計で約5000回（朝夕2回×25日）を超す頃から、現実生活に効果が出てくる。毎日起きる現象を注意深く観察する。

メンタルモデル瞑想のスートラ

Ⓐ「価値なし」モデル（私には価値がない）

スートラ：①私は、ありのままの自分で、ただここに存在しているだけで十分な価値があると自分自身を認める。

②私は、社会的な成果を上げなくても、誰も認めてくれなくても、十分に価値ある存在だ。

Ⓑ「愛なし」モデル（私は愛されない、望む愛はない）
スートラ：私はありのままの自分で、無条件に愛し、愛されている存在だ。

Ⓒ「ひとりぼっち」モデル（私はこの世界で所詮ひとりぼっちだ）
スートラ：①私は、ありのままの自分で、すべての生命《いのち》とひとつにつながっている唯一無二の存在だ。
②私はありのままの自分で、縁ある人たちとつながり、自分らしさを大切にし、ユニークに生きてゆく。

Ⓓ「欠陥・欠損」モデル（私には何かが決定的に欠けている）
スートラ：私はいま、ありのままの自分で、凸凹のまま、安心してここにいる。
（注：スートラが二つあるメンタルモデルは、どちらかピッタリくる方を使うこと）

天外塾で従来用いてきた「感謝の瞑想」などの瞑想法は、激しく情動が湧き起こるように設計されています（6章）。それは、モンスターを抑圧するときに感じた嫌な情動を再び感じることによって、薄皮を一枚ずつはがすようにモンスターを削っていく、というワークのためです。ところが、メンタルモデルが「Ⓓ欠陥・欠損モデル」の人は、激しい情動が苦手で、そのような瞑想ワークが続かない、という問題がありました。

メンタルモデル瞑想は、ほとんど情動が動かないので、「Ⓓ欠陥・欠損モデル」の人でもワークを継続できるようになり、天外塾の幅が少し広がりました。

ところが、新たな問題が発生しました。

人間は、自己否定が強いとそれを投影して外部に天敵を作る傾向があります。職場が変わっても必ず天敵が現れる人がその典型です。

天敵が常に現れるほど自己否定が強い人は、メンタルモデル瞑想が効きません。他のメンタルモデルの人は、まず「感謝の瞑想」などで天敵がいなくなるところまで自己否定を少なくしてからメンタルモデル瞑想に戻るとうまくいくのですが、「Ⓓ欠陥・欠損モデル」の人は何度やっても途中で挫折してしまいます。

2019年4月開講の第2期鹿児島天外塾では、天敵がいる「Ⓓ欠陥・欠損モデル」の塾生がふたりもおりました。ふたりとも「感謝の瞑想」に挑戦したのですが、やはり最初の月は挫折。その後、上記の内容を丁寧に説明し、何とか頑張ってもらうようにお願いいたしました。8月17日の第5講で、ふたりともめでたく天敵がいなくなりました。ひとりは、天敵が優しくなり、変容したように感じられたということです。もうひとりは、天敵が退職しました。これは、論理的な説明はできませんが、自己否定が少なくなると天敵がいなくなるという現象で、天外塾では時々起きます。意志の力で、苦手を克服する、という挑戦がうまくいきました。

8章

「ティールの時代」が来るぞっ!!

F・ラルーが意識の新しいステージと呼んだ個人の意識の変容（まえがき参照）を、本書では「実存的変容」と呼んで詳細に深掘りしてきました。

人類は、いままでも長い年月をかけて意識を成長・進化させてきましたが、いままでの進化は、**「分離」**を極めるという方向性がありました。いま人類が直面している「実存的変容」は、それが初めて**「統合」**に向かいつつあるのです（4章）。

ここまでお読みいただいた読者の中には、「分離＝悪い」、「統合＝いい」という判別を知らず知らずのうちにしておられる方も多いでしょう。それはじつは、**「オレンジ星人」**特有の判断なのです（P133の11）。

「分離のエネルギー」は、確かに「怖れ」を生み、激しい競争社会を出現させ、争いの多い時代をもたらしました。しかしながらその反面、文明を築き、様々な発明を生み、合理的な社会統治システムを確立し、経済を発展させ、私たちの豊かな生活を支えてきました。私たちが努力して能力を伸ばしてきたのも「分離のエネルギー」のお陰です。私たちは、どっぷりとその恩恵に浸っており、「分離＝悪い」といって排除したら罰が当たります。

いま私たちが直面しているパラダイムシフトは、「いい・悪い」ではなく、ただ人類が次のステージに行く、というだけです。この「実存的変容」は、「人類の目覚め」と呼んでいいほどの大きな変革を社会にもたらすでしょう。

「シャドー」「モンスター」、あるいは「メンタルモデル」が統合されるということは、**「真我のエネルギー」**が使えるようになり、**「無条件の愛」**が発揮されるということです。人類は、とても長い年月闘争に明け暮れてきましたが、いよいよ平和で愛と調和に満ちた社会へ移行しようとしているのです。

本章では、これを**「ティールの時代」**と呼び、その様子をほんの少しだけ眺めてみましょう。

◇「オレンジの時代」から「ティールの時代」へ

4章で述べたように、いまの日本は社会の重心は「後期自我」で、指導層のほとんども「後期自我」であり、人間としての理想像（規範）も「後期自我」です。ですから、「オレンジ星人」の特徴（P132）が、社会のあらゆる局面に現れています。

たとえば「議会制民主主義」や「多数決で物事を決める」などは、まさに「オレンジ星人」にぴったりの方法論です。

「オレンジ星人」は、自己顕示欲が強いので（P134の16）、我も我もと立候補し、選挙制度はうまく働きます。また、多様性を許容できないので（Ｐ134の22）全体としてひとつの意見にまとめないと気が済みません。その決め方は、何事も「正義vs悪」という構図で読み解き（Ｐ133の11）、「人を説得しようとする」ので（Ｐ134の23）、自然に意見が収束することは期待できず、強引に決める「多数決」がどうしても必要になります。

いま、先進文明国はほぼ**「オレンジの時代」**にある、といってもいいと思いますが、それはおそらく産業革命の頃からスタートしているでしょう。勤勉な「オレンジ星人」（Ｐ132の２）の働きで経済が発展し、軍事力が強化され、開発途上国を植民地化するという弱肉強食の時代がしばらく続きました。

その中で、国を守るために「戦士」の育成が急務なため、教育は「戦いの人生」を歩む（Ｐ133の６）「オレンジ星人」の再生産が優先されました。

企業経営では、社員の上昇志向（Ｐ134の20）と戦う姿勢（Ｐ133の６）を利用して、激しく競わせて活性化を図るというマネジメントが一般的になりました。F・ラルー『ティール組織』では、まさにそういう組織を「オレンジ」と呼んでいます。いま、世界中の先進文明国の企業の大多数は「オレンジ」です。

さて、このような「オレンジの時代」から「ティールの時代」に移行する、というのはどんな様子なのでしょうか？　その全貌を語るために、まずは「実存的変容」を起こした人の特性について見てみましょう。

◇「実存的変容」を起こした実例

意識の変容というと、人々はすぐに「悟り」に近づいた、あるいは聖人のようになる、というイメージをします。ところが「実存的変容」は、あくまでも「個」のレベルの中での変容であり、それほど高尚なものではありません（P107、意識の成長・発達のサイクル）。白隠禅師の言葉に「大悟十八回、小悟数知れず」というのがあり、あるいは「小悟」に含まれるかもしれません。仏教で「悟り」というと何となく「いい人」というイメージが強いのですが、心理学でいう「実存的変容」は「いい・悪い」という区別、あるいは社会的倫理観とは無関係であり、純粋に個人の意識が分離から統合に向かうことを扱っています。

一例をあげましょう。永年良妻賢母で生きてきた女性が、ある日突然若い男に走ったとしましょう。社会的倫理観には反するので、糾弾されることは必至ですが、これは世間の目を気にして自らつくり上げてきた「良妻賢母」という枠（超自我）を破壊し、より人間として根源的な欲求、価値観に従ったわけであり、個人としては「実存的変容」である可能性があります。

ただし、そのとき激しい恋に燃え上がったとしたら、クラプトンの恋愛（3章）で述べたように「モンスターのエネルギー」がまだ盛んなわけであり、「実存的変容」だとしても、まだまだ入り口付近でしょう。

「実存的変容」が深くなると、「無条件の愛」の要素が増すので激しさはなくなり、独占欲や嫉妬もなくなり、静かに、ただひたひたと進む恋愛になります。もう、あまりトキメキもなく、ロマンチックでもなく、歌や小説の題材にはなりにくいでしょう。内田裕也の恋人たちに感謝をしていたという樹木希林が好例です（3章）。

このように、同じ「実存的変容」でも、入り口付近とかなり進んだ状況では、相当に様子が異なります。

いま日本は、かなりの勢いで社会全体が「ティール」に変容しつつあり、「実存的変容」をする人が増えているように見受けられます。しかしながら、そのほとんどの人はまだ入り口付近であり、樹木希林のように深いレベルに達した人はまれです。
まだ世の中のほとんどが「後期自我」「中期自我」の中で、「実存的変容」が深まった人は、かなり特異な印象を与え、人によっては奇人変人扱いをされているかもしれません。

あなたの周りにもいるでしょうが、「いい人」は装っておらず、どちらかというとあけっぴろげで裸で生きている感じなので、必ずしも人々から尊敬されていないかもしれません。闘争的でなくなり、自己顕示欲が少なくなるので、目立たない人も多いでしょう。ギラギラしたところがなく、すんなりした感じで、一緒にいると、何となく居心地がよく、ゆったりと安心感をたたえているでしょう。

ここでは、ある程度深く「実存的変容」をした人の特徴を列挙してみましょう。これは、K・ウィルバーの初期の意識の階層構造（K・WⅡ）では、「成熟した自我」と呼ばれており、自我のレベルの最終段階に位置付けられます。彼は、その先に自我を超える「超個」のレベルがある、と述べていますが（P107「意識の成長・発達のサイクル」）、本書では扱いません。

下記の記述は、1章で述べた、F・ラルーの表現と重なるところが多いですが、さらに詳しく述べます。

「実存的変容」が深まった人（ティール星人）の特徴

①むやみに「戦い」を仕掛けない。「戦い」は闘争だけでなく、立身出世のための戦い、名誉・名声・お金を得るための戦いも含む。
②むやみに「目標」や「夢」を設定して、それを追いかけない。
③むやみに「聖人」にあこがれない。
④むやみに「いい人」「強い人」「立派な社会人」のふりをしない。装わない。恰好つけない。（P38、1章、引用2）素の状態、裸で生きている。
⑤自分の弱さや欠点をさらすことに抵抗感がない（常識的にはネガティブに見える側面も含めて自己受容している）。
⑥むやみに人を批判しない。
⑦むやみに「美しい物語」にあこがれない。むやみに理想を追わない。
⑧秩序のない混沌（カオス）の中にいても居心地の悪さを感じない。むやみに整理された秩序を求めない。
⑨発生した出来事や世の中の現象などに対して、論理的で美しい説明や理由付けをむやみに

求めない。出来事や現象が、ただ「ある」ことを認める。
⑩むやみに「いい・悪い」の判断をしない。起きた出来事や結果、自分や他人の行為、自分や他人そのものなどに対して……。ありのままを受け取り、判断を保留する。
⑪いかなる結果が出ようとも、それを淡々と受け入れる。（P40、1章、引用4）
⑫物事を「正義・悪」のパターンで読み解こうとはしない。「正義」を振りかざして「悪」を糾弾しようとはしない。自分や他人やお互いに対立をする人たち、あるいは組織、国家などに対して……。
⑬むやみに「善人」と「悪人」を切り分けない。世の中に「悪人」とレッテルを張れるような人は存在しておらず、抱えている葛藤の重さが違うだけだ、と認識している。
⑭むやみに「正・誤」を判別しない。誤を切り捨てないで、その中に潜む叡智を探す。
⑮むやみに自分と人、あるいは他人同士を比較しようとはしない。人は一人ひとり、存在しているだけで十分に価値があることを実感として把握している。
⑯むやみに「コントロールしよう」とはしない。他人も自分も組織も世論も……。説得して他人の意見を変えようとはしない。したがって「社会を変えよう」というインテンションはなくなる。（P46、1章、引用9）
⑰恋愛は、激しく燃え上がらず、静かな感じになる。パートナーに対して、独占欲や嫉妬心

が希薄になる。

⑱あらゆる場面で「無条件の愛」が発揮される。

⑲自分とは異なる意見、思想、価値観、文化の人と一緒にいても居心地の悪さを感じない。

⑳他人の問題行為、わがままな行為、エゴむき出しの行為に対して、むやみに嫌悪感を抱かない。

㉑むやみに「自己顕示欲」むきだしの言動に走らない。自らの「自己顕示欲」の存在をしっかり把握している。

㉒自分自身、起きている出来事、他人との関係などを、客観的に遠くから見る視点を確保している（メタ認知）。（P36、1章、引用1）

㉓他人や社会が、自分や自分の言動をどう見るかを、むやみに気にしない。自分をまげて、他人や社会に無理やり合わせたり、おもねたりしない。常に自分自身であり続ける。

㉔むやみに過去を悔やまず、未来を思い煩わない。

㉕自らを明け渡し、宇宙の流れに乗ることができる。傍から見ると、やたらに運が良いように見える。

このリストは、実在の人物の観察だけではなく、多少の推定や想像が混じっています。ここまで達した人を「ティール星人」と呼ぶことにします。

◇「ティールの時代」に起こること

いまの日本では、ここまで進んでいる人はごくわずかです。前述のごとく「実存的変容」といっても、入り口付近の方がほとんどであり、このリストのごく一部が該当するだけでしょう。あなたは何項目くらい当たっていますか？

しかしながら、もし人類がいままでと同じように進化を続けるとしたら、「ティール星人」の数は確実に増加していきます。そして、いままでの社会からは想像もできない「**ティールの時代**」が到来するはずです。ここからは、それをほのかにのぞき見してみましょう。

まず、いえることは、すでに4章で述べましたが、日本のGDPは確実に下がることです。日本の過去の高度成長を支えてきたのは、5章で述べたように「中期自我」（アンバー）の特性である「親分・子分」の共依存関係です。

その後も「オレンジ星人」の「上昇志向」と「戦う姿勢」は、産業界を活性化させてきました。ところが、「実存的変容」を経ると、人々はもうお金や名誉を熱心に追求しなくなり、産業界は確実に不活性になっていきます。

日本は、過去30年間ほとんどGDPが成長しておりませんが、ひょっとして既に「ティールの時代」の入り口に達しているのかもしれません。

次に確実にいえることは、「議会制民主主義」の崩壊です。「ティール星人」は自己顕示欲が希薄なため、選挙に立候補はしないでしょう。そうすると候補者は、エゴが強烈に残っている「中期自我」「後期自我」の人たちばかりになり、「ティール星人」たちはその人たちに投票する意欲はなくなるでしょう。ということは、投票率はこれからどんどん下がっていくはずです。もうすでにその傾向は出ていますが、投票率が軒並み30%を切るようになれば、「議会制民主主義」を見直さざるを得なくなります。

したがって、「議会制民主主義」にかかわる、次の社会統治システムを至急検討しなければいけません。私は約20年前からそれを指摘してきましたが、そこまで頭を巡らす人はほとんどいません（拙著『深美意識の時代へ』講談社、『GNHへ』ビジネス社、など参照）。

次に確実なのは、日本の公教育の崩壊です。明治維新の後、列強の植民地にされないために「戦士の教育」が導入されました。それは大変うまくいったのですが、それから百年以上たって、もうすでに世の中が変わっているにもかかわらず、どうしたわけか、いまでもまだその影を引きずっています。

「ティール星人」までは達していなくても、子どもたちはどんどん進化していますから、時代遅れの「戦士の教育」にはついていけず、不登校がすさまじい勢いで増えています。

これに関しては、次章で私の活動を少し紹介いたします。

企業経営に関しては、F・ラルーが『ティール組織』で大きな変革を指摘したことから、そもそも「ティールの時代」という言葉が出てきました。しかしながら、F・ラルーの指摘をはるかに超えて変革が進むことが予想されます。

ひとつには、企業の壁が淡くなるでしょう。いままでの企業では、社員とそれ以外は明確に区別されていました。社会保険に入っているか、法律上の差異は残りますが、「ダイヤモンドメディア」では社員、業務委託などで実質的な差をなくしており、複数の会社に所属していたり、自分の会社を保有しながら社員になっていたりする人もいます（武井浩三、天外伺朗共著『自然経営《じねん》』、内外出版社参照）。

その自然な延長上に企業連合があります。従来の企業連合というのは、資本関係があるか、業務的なつながりがある、などが条件でした。これからは、何の制約もなく、様々な「ゆるい企業連合」が盛んになるでしょう。

すでにダイヤモンドメディアでは、「tonashiba」という転職支援企業連合を運営しています。「tonashiba」という命名は、「隣の芝は青い」から来ており、「だったら、ちょっと試しに行ってみたら」という軽いノリで段階的な転職を支援するシステムです。

社員食堂、企業内保育所、会議室、談話室などのインフラや、経理、総務、人事、社員教育などのサポート業務など、共通化によりメリットが出てくる局面はいくらでもあります。

さらには、企業連合が地域通貨を発行して、ローカル経済の発展を支えたり、小学校から大学まで運営して、自分たちにとって必要な人材の育成まで担ったり、などなど、いくらでも発展形は描けます。

全般的には「シェア・エコノミー」が発展するでしょう。すでにシェアハウス、シェアオフィス、カーシェアなどが盛んになっていますが、「ティール星人」はエゴが弱くなり、所有に対するこだわりが減るのでどんどん共有の方向へ行くでしょう。これはまた、ＧＤＰを下げる方向の力学が働きます。

結婚制度も大幅に変わるかもしれません。「ティール時代」になると多様性が許容されます。すでに異性間の夫婦に認められている諸権利を同性間カップルでも認めようという運動が盛んになっていますが、これはすぐに定着するでしょう。

でも、そうするとその諸権利がどうしてセックスと関係しているのか、という疑問がすぐに出てきます。セックスと無関係に「拡張家族」という概念が広がり、共同で子育てをするという文化が広がるでしょう。独占欲と嫉妬がなくなってくれれば、性的関係も自由になるでしょう。

いまの一夫一妻制の結婚制度は、ユダヤ教キリスト教の文化が定着したものですが、大幅に見直されるかもしれません。

9章

宇宙の流れに乗る生き方

前章で述べた「実存的変容」が深まった人の特徴で、最後に次のような記述がありました。

㉕自らを明け渡し、宇宙の流れに乗ることができる。傍から見ると、やたらに運が良いように見える。

これは、ほとんどの人にとって意味不明だったかもしれません。正統的な心理学からはちょっと離れますが、「実存的変容」が深まると運が良くなるということは、ほぼ確実です。いくつかの実例をお話しいたしましょう。

ひとつ目の例は、『ティール組織』の解説を書いておられる嘉村賢州さんです。彼は、ファシリテーションによって地域活性化などのプロジェクトを推進する、10人ほどの組織「ホームズ・ビー」を率いていましたが、行き詰まりを感じて1年間の休みをもらい、ぶらぶらとヨーロッパに渡りました。そこで、たまたま「ティール」に出会い、日本語訳の出版に絡み解説を書きました。

その後、東京工大の教員募集に応募されました。博士号も持っていない彼のキャリアでは、普通なら国立大の教員にはなれないのですが、審査員の中に発売直後の『ティール組織』を読んでいる人がおり、採用されました。

いまでは、東京工大特任准教授のかたわら「ホームズ・ビー」の運営もし、「ティール組織」の語り部として、講演やワークショップに引っ張りだこの大人気になっています。2019年からは、ホワイト企業大賞企画委員にご就任いただいております。

ちょっと行き詰ってヨーロッパに行った、ということからトントン拍子に運命が開けた、という不思議なストーリーです。これが「実存的変容」による好運の一例です。

◇「明け渡し」の実例

もうひとつは、私が**「明け渡し」**と呼んでいる「実存的変容」のひとつのパターンの例です。

江戸末期から明治にかけて主として浄土真宗の信徒に「妙好人《みょうこうにん》」と呼ばれる人たちが多数発生しました。ほとんど文字も読めないお百姓さんが、「南無阿弥陀仏」と唱えているうちに「悟り」を開いたといわれています。

「悟り」といっても「究竟《くきょう》涅槃《ねはん》」のレベルではなく、実質的には「実存的変容」ではないかと私は見ています。阿弥陀如来にすべてをゆだねてしまい、「エゴ」が希薄になったという現象なので「明け渡し」と呼んでいます。

永年アメリカで布教した鈴木大拙禅師は、晩年『妙好人』という本を書いており、「私は知識がありすぎるので、なかなかあの境地まではいけない」と嘆いておられます。


天外塾でも何人か出ていますが、ほとんどがキリスト教の熱心な信者です。阿弥陀如来とか神とか、対象がある方が「明け渡し」しやすいのだと思われます。

遺産相続や家族内の人間関係が絡んで、プライバシーの関係で公表できないケースがほとんどですが、これからご紹介する深澤里奈子さんは、ご本人から積極的に紹介してくれと依頼されています。宗教とは無関係に「明け渡し」を達成されました。

天外塾を受講された時点（２０１５年10月）で、彼女は若くして湯河原の旅館「料亭小宿ふかざわ」の女将でした。２年連続でミシュランに載るなど、料理と温泉が売りの観光旅館として、繁盛しておりました。


ところが、殴る蹴るの世界で育ってきた昔気質の料理人が、何かと波風を立てるため、スタッフ間がいつもぎくしゃくしており、彼女が理想とする滞在客がほっとして身体も心も癒される宿とは程遠い状態でした。そこで天外塾では、その料理人に対する瞑想ワークを実施していただきました。

翌年1月4日に、彼女は突然旅館をやめる決心をし、料理人3人にそれを通告し、翌月から「湯河原リトリート　ご縁の杜」として再出発をするという宣言をしてしまいました。観光旅館ではなく、セミナーなどを主体に滞在客の身体と心を癒す宿への変身です。


これは、信じられないくらい無謀で勇気ある決断です。料理が売りだった旅館で、いきなり次の当てもないまま料理人に辞めてもらい、1か月後に違う形で再開するというのです。いうならば、パラシュートもつけずに崖から飛び降りたようなものです。

1月の天外塾でそれを聞いた我々はびっくり仰天しましたが、彼女は一切の不安がなかったようです。この「不安がない」というのが「明け渡し」の特徴です。

結論からいうと、彼女は崖から落ちずに、フワフワと飛んでいきました。2月からは、すべての予約をキャンセルしたので売り上げが半減しましたが、高給取りの料理人が三人いなくなり、ビーガン料理にしたので肉も魚も仕入れなくなったので経費が減り、何とか持ちこたえたのです。これは偶然であり、そういう計算をしていた訳ではありません。


これには、ちょっとした伏線があります。11月時点で旅館に、同じ苗字なので紛らわしいのですが、深澤正樹、早苗というご夫妻がアルバイトに来ていました。ふたりは自然食関係の会社をたたんで、友人と淡路島で宿泊施設を開く予定で、宿の運営の経験がないので実習に来たのです。

里奈子さんは、正樹さんには風呂掃除、早苗さんには接客の仕事を頼みました。

この話を聞いた時、私は「あっ！　宇宙のサポートが来ているのかな？」と、ほのかに思いました。里奈子さんは知らなかったのですが、深澤夫妻は自然食の世界では有名な方で、私はお会いしたことはなかったのですが名前は知っていました。よりによってこの旅館を実習先に選ぶ、というのは単なる偶然以上のものを感じたのです。

案の定、料理人がいなくなることが決まってから淡路島のプロジェクトはなくなり、早苗さんがビーガン料理の達人だということがわかり、2月4日から問題なく営業は継続できました。その後も「湯河原リトリート　ご縁の杜」は順調に発展し、2018年には第4回ホワイト企業大賞「明け渡し経営賞」を受賞されました。

2019年4月からはカレッジを開講し、さらなる変容に取り組んでおられます。

ご許可が得られたので、深澤里奈子さんご本人のレポートを載せましょう。

深澤 里奈子のレポート

今日、天外先生に「明け渡し」の事例として話す機会をいただいて、改めて今回の変容といわれる現象を振り返ってみた。いろいろな角度から気づきがあるが、事業継承する人にとっての角度としてもサンプルになるのでは！ とまとめてみました。

●家を継ぐ

2000年 家業である旅館を継ぎ、旅館としての職種をより良くするための経営を実践。

2008年 はたらく人の意志の成長と幸福感が大切だと感じ社員教育に力をいれた。組織の理念と、はたらく人たち個人の理念が同じ方向へと向かい、その結果、部屋稼働率の平均が95％になるほど実績が上がり続けた。

●自らの使命の探究

経営者は自らの使命を明確にすることが そのまま組織の使命となっていくことを実感。

「人の本質的な成長」を喜びと感じ、スタッフだけでなく お客様（訪れ関わる人すべて）の中に在る本質にも気づきの場を起こしていきたいという想いが湧いてきて、旅館業よりも教育業をしていきたいと思うようになってきました。（ご縁の杜 ミッション http://goennomori.jp/about.html）

●事業継承者の葛藤

自らの使命が明確になっていくほどに、いわゆる「観光旅館」としての立ち位置では自らの向かいたい使命には進んでいけないと痛感。経営的に上手くいけばいくほど、その葛藤は高鳴っていった。初代から継承してきた「旅館」という職種を変化させていきたい欲求と同じ形で継承しなければ、という責任感が戦い合う。

●実存的変容

葛藤の中 どうにもならず、2015年10月、天外塾に参加。そこで「実存的変容」という現象を知る。

実存的変容「突然の大病、倒産やリストラ、離婚や子どもの死など、『死との直面をした感覚を得た時』、その意識の高さ（一見、不幸に見える出来事の中に本質的な幸福が存在している、とその現象を受け入れる）により、その出来事の前よりも人間力や運力が変容する」。

これと同じ現象が「瞑想」により起きる可能性があると。実存的変容を目指したわけではないが、その時の葛藤や現実的悩みを対象として天外先生の指導のもと、瞑想を実践し始めた。

●使命に向かうセレンディピティ（運力）

その瞑想の効果は水面下でじわじわと動き始めていた。同年12月には自らの使命に向かいたい！　という肚からの想いが言葉として湧き出で、今までの自分の常識では絶対にやらなかったことをどんどん行動し始めていく。その流れはまるでパズルがぴたりと合うように奇跡的な出来事を現実化させ、2016年2月3日より「ご縁の杜」としてリトリートを主体とした宿へと見事に転換した。

●「明け渡し」

この現象の過程を天外先生は「明け渡し（思考の抵抗を手放し、真我からの想いのままに動いていくと、結果としてすべてのことがひずみなく現実化する）」といってくださった。

●運力によるビジョンの実現

実現した具体例のひとつは「料理」。『本来の自分に還るキッカケの場となり、本質的な行動へと進んでいく』。そのためには思考の陽転換だけでなく、細胞そのものを作っている食べ物が大事だと感じたが、いわゆる料亭の日本料理で営業してきた私には どんな料理がそういう効果を発揮するのか分からなかった。分かっていることは「それはエネルギー料理といい、その料理を食べると 本来の自分(真我からくるもの)に気づき、活力が湧き行動へと繋がっていく」という最終イメージだけをしてきた。2年ほど悩んでいたが、この変容の時に、偶然にもそういう料理を喜びで創り出す人に出逢い、大自然のエネルギーを食べる人へと繋げていく料理を食べていただくことが出来るようになった。そして、このご縁の杜という場は、日を増すごとに、氣の流れがよく、本来の自分へと繋がっていく人が増えていく場になってきたように感じています。

●事業継承者、代を継ぐ方々へ

親の仕事を継ぐということは 遺伝子の伝承だったり、子どもの時から見て体感覚で体得していることが多いので、すでに在る能力を発展しやすい立ち位置にいて素晴らしいことだと思います。そしてまた事業継承者(特に長子)は必要以上の期待と責任感に苛まれ、本来の力を発揮できないことも多々あり、葛藤や悩みを抱えることも多いです。2000年より時代の流れが大きく変わってきました。背負っているものを一度おろし、自らの葛藤を自覚し角度を変えてみるのも素晴らしいことなのではないかなとも思っています。

◇天外伺朗先生「問題解決のための瞑想法」の著書の中の、私たち人間の意識と無意識の図（注：本書巻頭のモンスター図）。モンスターを押さえ込んだり、暴れさせるエネルギーは真我を現実化させにくい。真我に触れていく瞑想法。実践の価値があると思います。

◇インディアン・スタイルという神秘

私（天外）自身は、このような**「宇宙の流れに乗る生き方」**は、アメリカ・インディアンの長老から学びました。2000年にインディアンの長老を導師に迎えて、35人の仲間とセドナとホピを訪ねる旅を企画しました。事前に長老から「インディアン・スタイルの旅にしよう」といわれていたのですが、それが何を意味するかはわかりませんでした。

旅が始まってからびっくりしました。要するに何も計画しないのです。朝6時にみんな集まってパイプセレモニーをすることだけは決めましたが、それ以外はすべてが行き当たりばったりの旅になりました。

バスをチャーターしてあったので、長老が突如ここに行こうといっても対応はできるのですが、皆バラバラになっていたら、集まれるか心配です。各自アンテナを張って、おいていかれないように気を付けてください、と注意はしていたのですが、結果的にはひとりの落後者も出しませんでした。

旅が終わって振り返ってみると、一部の隙もないほどすべてがうまくいきました。偶然が幸運を呼ぶ旅になったのです。事前にどんなに綿密に計画しても、これほどうまくはいかないでしょう（詳細は『日本列島祈りの旅1』、ナチュラルスピリット）。これが**「インディアン・スタイル」**の正体だったのです。

この頃私は、まだソニーの上席常務、前年に犬型ロボットＡＩＢＯが発売されて大ヒットをしており、その事業推進体制を作り、私自身は二足歩行ロボットＱＲＩＯの開発をする研究所の所長を務めていました。それまで36年間のキャリアの中で科学的思考法を身に着けており、綿密に計画を練り、予想されるあらゆる危機（critical path）に対してあらかじめ対策を練る、という仕事のやり方を実行してきました。

何も計画しないで、行き当たりばったりでうまくいってしまう「インディアン・スタイル」は、そのすべての常識と信念がガラガラと音を立てて崩れ落ちるような体験でした。

いまなら「インディアン・スタイル」がなぜうまくいってしまうのか、それなりの説明をすることができます（科学的な根拠はありません）。

私たちは理性で未来が予測できると信じ、いわば**「エゴ」**で計画を立てます。ところがそれとは別に、宇宙にはそれなりの流れがあり、計画があるようです。占星術、算命学、易経などを参照すると、宇宙には確かに固有の流れがあることを教えてくれます。「インディアン・スタイル」というのは、それに上手に乗っていく生き方なのです。「エゴ」が立てた計画に固執していると、宇宙の流れはわからないでしょう。

これは、単に旅を実行するだけでなく、人生全般にいえます。「実存的変容」により、「エゴ」が相対化されると、宇宙の流れを無意識的に感じることができ、ごく自然に、上手に乗れるようになるのです。

いわば、宇宙に自らの運命を**「明け渡し」**てしまう生き方です。そうすると、嘉村賢州や深澤里奈子のように、はたから見ると何でこんなに運がいい、とびっくりするような生き方になります。

自分の頭で考えた、どんな素晴らしい計画よりも宇宙の計画の方が雄大です。「実存的変容」

に達すると、自分からは何も仕掛けないのに、いつの間にか大きな成果を上げてしまう、というようなことがどんどん起きます。

◇予期せぬ幸運が次々と舞い込む

セドナの旅から半年後の2000年8月、導師を務めてくれた長老がサンダンスに出る、というので私たちは再びアメリカ・ミネソタ州に向かいました。サンダンスというのは、8月の満月の頃、ダンサーは4日間飲まず食わず、祖先の霊を呼び出して炎天下で踊るという過酷な儀式であり、インディアンの伝統的な行事のひとつです。

このサンダンスに長老は、映画『アラビアのロレンス』のモデルとなったロレンスの伝記（原題は『わが無秩序の貴公子』1977年ピューリッツァー賞受賞）を書いたハーバード大学医学部のジョン・E・マック教授（1929-2004）を招待していました。長老は、教授がハーバート大学で主宰している研究会のメンバーだったのです。教授は精神科医であり、ちょうどこの頃、UFOに誘拐された人々のカウンセリングをまとめた『アブダクション（誘拐）』という本を書いてベストセラーになっていました。

じつは、翌9月には、第7回「船井幸雄オープンワールド」があり、私は2000人の聴衆の前で教授と対談をすることになっておりました。テーマは「アブダクション」。教授の本の日本語版もそれまでに発売される手はずになっていました。

私は、UFOは何度か目撃しておりましたが、アブダクションの体験はなく、どんな対談になるか、かなり不安でした。サンダンス期間中に教授と綿密な打ち合わせをする予定でした。

このサンダンスは、じつは私の人生にとって、大きな変曲点になりました。というのは、サンダンスの前日、私は長老から「聖なるパイプ」を授かったのです。「聖なるパイプ」というのは、インディアンの最も基本的な祈りの儀式である「パイプセレモニー」の道具です。

それを授かった人はパイプホルダーとかパイプキーパーとか呼ばれ、インディアン社会では大変尊敬される長老に列せられます。普通は、長老のもとで何年も修行し、薬草の使い方など多くのことを学んで、ようやくパイプを授かるのですが、私の場合には何の修行もせず、何の知識もなく、ただ1週間のセドナツアーをご一緒しただけで、いきなり授与されたのです。これには、天地がひっくり返るほど驚きました。

このとき長老のゲストは、日本からは私を含めて5人、ジョン・E・マックとその仲間が3人、グアテマラのインディオがひとりなど計9人。円陣を組んで「聖なるパイプ」を授与するセレモニーが始まりました。普通のパイプセレモニーとほとんど同じでしたが、長老からパイプを持った時の心得として次のような注意がありました。

「このパイプを持って祈れば、その言葉は全部実現する。だがお前は、祈りの言葉が実現するということが、どれほど危険なのか、知らなくてはいけない。これを持って祈るときは感謝の言葉以外は口にするな！」

その長老も、パイプを拝受したときにお師匠様から同じことをいわれたそうです。インディアンの長老が全員そうではないのですが、感謝の祈りしかしない長老も結構います。

やがて、パイプの回し喫みになり、各自が祈りを捧げます。最後に私の番になった時、「今後の私の人生を、人々の心の平安のために祈ることに捧げます」という、大それた言葉を口走ってしまい、自分でもびっくりしました。

「聖なるパイプ」は、「ピースパイプ」とも呼ばれており、社会の平和と人々の心の平安のために祈るのが使命であることを、この後に学びました。私は、そうとは知らずに最も本質的な祈りをささげたことになります。

儀式が終わって雑談になりましたが、私は翌月の「船井幸雄オープンワールド」のための教授との事前打ち合わせが、一切いらないことがわかりました。まさに「わかりました」という以外にないほど、クリアに感じたのです。そして教授に「打ち合わせはやめよう。ふたりでいきなり舞台に立って、何が起きるのかを見てみよう」と提案しました。教授はちょっとびっくりされたようでしたが、賛成してくれました。

後から振り返ってみると、綿密な打ち合わせをしなければいけない、という気持ちの背景には「怖れ」と「不安」があったことがわかります。「聖なるパイプ」を拝受したことと、どう関係していたのかはわかりませんが、突然その「怖れ」も「不安」もなくなり、したがって、打ち合わせも不要になったようです。

そうしたら、驚いたことに長老が自らのアブダクション体験を語り始めました。こんな身近に経験者がいたのです。私は早速、翌月の「船井幸雄オープンワールド」に参加してくれるように要望しました。

一切の事前準備がなく、まったくの行き当たりばったりだったのですが、翌月の3人による2時間のセッションはとてもうまくいき、大勢の聴衆にもご満足いただけたと思います。

これ以来、私は講演の準備をまったくしなくなりました。ぱっと聴衆の前に立って、その時出てきた言葉を紡いでいくのです。ほとんどがうまくいきますが、時に前振りを喋っているうちに本題に入らぬまま時間切れになることもあります。それはそれでOKという感じです。要するに「うまくやろう」というインテンションがなくなったようです。

◇「宇宙の流れに乗る」生き方

この後の私の人生は、講演だけではなく、人生のすべての活動で「インディアン・スタイル」が身についており、**「宇宙の流れに乗っていける」**ようになりました。

2章では、医療改革で「実存的変容」に取り組んでいたら、たまたまその次に取り組んだ経営改革でそれがそっくり生きたという偶然の幸運について述べました。その文章を引用します。

「実存的変容」のサポートなどという、かなりヘビーで難しい内容を、たまたま医療改革で実践し、卓越した指導者から学んでいたら、その次に取り組んだ経営塾で、その経験がそっ

くりそのまま生きた、ということです。たまたま偶然の幸運のように見えますが、これが「宇宙の流れに乗る」ということです（P64）。

その経営塾でも、たまたま参加された後にサッカー日本代表監督に就任された岡田武史監督が「フロー経営」を採用され、2010年の南アフリカサッカーワールドカップで大活躍されたことから、世の中に広まりました。これもちょっとあり得ないような幸運です。

その後取り組んだ教育改革ではさらなる幸運に恵まれております。

私は『生きる力の強い子を育てる』（飛鳥新社、2011年）がベストセラーになり、教育の分野では一応論客のひとりとして知られています。いままで、多くの講演をこなしてきましたが、教育問題に取り組もう、というインテンションが最初からあったわけではありません。

元々は、理性と論理を司る大脳新皮質のみが活性化して情動などを司る古い脳がオフの状態だと何をやってもうまくいかないという、「フロー経営」で発見した基本原理を書こうとしていました。

たまたま通産省が進める国家プロジェクトとの激しい戦いに勝った、という経験から（5

章）、政府や官僚のとんちんかんなデシジョンはそれで全部説明できるという内容の『大脳新皮質シンドローム』というタイトルで出版社の了解を得ていました。

そうしたら、書いているうちに大脳新皮質ばかりを鍛える公教育の在り方に問題があることがわかり、教育界への提言に話題がそれていきました。仕方がないので執筆を止めて、6か月間教育学をみっちり勉強し、タイトルも『教育の完全自由化宣言』（飛鳥新社、2008年）に変更して出版しました。

その本が、下村博文衆議院議員の目に留まり、3年間ほどブレーンとして招かれました。途中、2009年の総選挙で自民党が大敗しましたが、野党時代に彼が書いた『下村博文の教育立国論』（河出書房新社）の政策部分には私の意見が色濃く反映しております。

2012年には自民党が政権に復帰し、下村博文議員は文科大臣に就任されました。ブレーン時代に議論した内容が議員立法として提案されましたが、残念ながら野党だけでなく自民党の内部からも反対意見が多く、不登校児を支援する法案に大幅に矮小化されて成立しました（「教育機会確保法」2016年12月）。

元々法案の内容は、野党や日教組が主張していたことに近く、事前の根回しでは全員賛成していたのに、いざ審議になると強烈な反対に転じたのはびっくりしました。内容的に、ある程度の覚悟はしていましたが、自民党内部からも猛反対がありました。いまの教育制度をちょっとでも変更することは至難の業であることがよくわかり、どす黒い政治の力学をいやというほど見せつけられました。

矮小化は残念でしたが、それでもちょっと半年間教育を勉強しただけの門外漢の私の意見が、あれよあれよという間に、国の教育行政を左右するところまで行った、というのは奇跡的です。

こんなことは、いくら自分で夢を描いても、綿密に計画しても、到底実現するものではありません。こういう、とんでもない展開が「宇宙の流れに乗る」ということです。

◇『ティール組織』に見る「宇宙の流れに乗る」生き方のヒント

F・ラルー『ティール組織』にも、よく見るとこういう生き方のほのかなヒントが隠されていいます。1章の引用5を再掲します（P41）。ここでいう「内からの声」というのは、**「宇宙の流れ」**というのとほぼ同じ趣旨です。

引用5：進化型（ティール）では、意思決定の基準が外的なものから内的なものへと移行する。（P75）
人生の目標を設定して、どの方向に向かうべきかを決めるのではなく、人生を解放し、一体どのような人生を送りたいのかという内からの声に耳を傾けることを学ぶ。（P76）

いまの社会は、まえがきで書いたように「夢や目標をしっかり持ち、綿密に計画を立て、必死に努力をする」ことが推奨されており、そういう生き方をしている人が尊敬されます。ところが、「宇宙の流れに乗る生き方」というのは、その真逆です。

おそらく、目標や計画というのは「怖れと不安」が強い時に、それを打ち消すために必要になるのではないかと思われます。「実存的変容」を経て、エゴが相対化されると「怖れと不安」は極端に減りますので、目標も計画も不要になり、「宇宙の流れ」が見えてくるのでしょう。

F・ラルー『ティール組織』に「ティール」に達した企業では、予測と統制による従来型の経営ではなく、目標も計画もない、いうなれば「インディアン・スタイル」の経営をしている様子が随所に描かれています。いくつか引用しましょう。

引用26：ティール（進化型）組織には、戦略立案プロセスは存在しない。トップは、ほかの人が従うべき方向を定めない。私が調査した組織の中に、自社が進むべき方向を文書の形で用意していたところはなかった。（P348）

引用27：一方サン・ハイドローリックスの事例を見ると、上場企業ですら予算なしのアプローチが可能であることが分かる。（中略）「予測値がない場合、人々の達成度は何を基準にして測るのですか？」（という質問に対して、CEOのA・カールソンは）即座に答えた。

「だれも知りませんよ。だれも気にしませんし。彼らは一生懸命、全力で働いているのです。私たちは世界中で素晴らしい人々に働いてもらっているのです。もしそんな目標が必要になったら、おそらく私は間違った人を雇ったことになるでしょう。

（P360-361）

引用28：サン・ハイドローリックスをはじめとする自主経営（セルフ・マネジメント）組織の場合、基本的にこの（グーグルでは20％の）自由時間が100％なのだ。全体計画は存在しない。プロジェクト計画書はなく、人員配置を心配する者もいない。プロジェクト・チームは自然発生的に生まれ、仕事が終われば解散する。プロジェクトが時間通り、あるいは予算通りに進んでいるかをだれも知らない。なぜならば90％の人々は、文書でスケジュールを書いたり、予算を立てたりすることを気にしていないからだ。プロジェクト計画に関する手続きが一切ないことで膨大な時間が削減される。要するに、計画書の作成、承認プロセス、進捗状況の報告、変更点の説明、スケジュールの組み直し、再見積もりがないのだ。（P140-141）

引用29：予測と統制（コントロール）という枠組みで働くと、人は自然と完全な答えを探したくなってくる。もし将来が予測できるのであれば、自分たちの仕事は、予測できる将来にベストな結果をもたらす解決策を探し出すことになる。入り組んだ（complicated）世界で予測することは有益だが、複雑な（complex）世界ではあらゆる関係性が失われてしまう。FAVIのジャン・フランソワ・ゾブリストは、この違いを説明する比喩を見つけ出した。ボーイング747などの航空機は、「入り組んだ」システムだ。数百万の部品がスムーズに連携しないと動かないからだ。しかし、あらゆる部品は精密に組み立てられているので、一つの部品を変更すると、それがどのような結果をもたらすかを予想できる。一方、ボウル一杯のスパゲティは、「複雑な」システムだ。もちろん、数十の「パーツ」はあるだろうが、たとえばボウルからはみ出ている一本のスパゲティの先を引っ張ると何が起こるのかを予測するのは事実上不可能なのだ。（P354-355）

引用30：予測をすると、自分が統制（コントロール）しているという安心感を得ることができる。しかし実際には、私たちの生きている組織や世界はスパゲティのような複雑なシステムなのだ。そのようなシステムでは、将来を予測することにも、ベストの判断にたどりつくためにそれまでのやり方を分析することにも意味がない。習慣的に分析をしたところで、自分たちは統制（コントロール）と予測をしているのだという幻想を抱くだけで、エネルギーと時間を浪費しているにすぎない。進化型（ティール）組織は、完璧な予測などできない複雑な世界と、うまく折り合いをつけられる。考えられる限りでベストの判断を明確に狙うわけではなく、すぐに使える実行可能な解決策を狙う。新しい情報が入ると、それに応じて判断は見直され、どの時点でも改善が図られる。（P355）

引用31：進化型（ティール）組織はトップダウンの目標を設定しない。（中略）進化型（ティール）組織の観点からすると、目標数値を設定することには少なくとも三つの問題がある。

（１）自分たちは未来を予測できるという前提に立っている。

（２）内なる動機から遠ざかった行動をするようになる。

（３）新しい可能性を感じ取る能力がせばまりがちになる。（Ｐ３５６-３５７）

引用32：人生はかなり複雑で、物事も環境もあまりに速く変化するので、設定する目標もたいていは当てずっぽうなものになる。設定されてから１年もたてば、ほとんどの目標はいい加減な数字になっている。要するに、あまりにも達成が容易で意味がないか、あまりにも難しいから手っ取り早い方法で数字を達成しようとしてしまい、結局は長期的には会社にとってマイナスとなる。（Ｐ３５７）

引用33：新しい世界では、はっきりと見えるものの先端に立って、その未来の姿を前提にして計画を立てることがもはやできない。その代わり、自分の意図を明確にして、積極的に気づきを得ようという意欲を持って、出発点に立たなければならない。どうすれば自分のデザインに強引に調和させられるかではなく、どうすればお互いに関わり合えるのか、どうすればその経験に没入し、これからやってくるものに気づけるようになるかを考えるべきであり、それが世界から求められている。計画するのではなく、参加しろと問われているのだ。（Margaret J.Wheatley and Myron Kellner-Rogers『A Simpler Way』（San Francisco:Berrett-Koehler Publishers,1996）,73.）（Ｐ３５８）

Ｆ・ラルーのこれらの記述は、従来型の企業経営の常識にどっぷりとつかってきたほとんどの人にとって、にわかには呑み込めない内容でしょう。

いままでは、「しっかりと未来を予測しなさい」「ちゃんと計画を立てなさい」「進捗状況をチェックして、計画と違っていたら早急に対策を講じなさい」という指導を受けてきたからです。

それに対して「ティール経営」では、**「未来は予測できない」「計画は立てないほうがいい」**といっているのです。いわば、**「行き当たりばったりの経営」**なのです。

いまの皆さんの驚きは、私が最初に「インディアン・スタイル」に接した時の心境に似ているかもしれません。

F・ラルーがそういっているわけではありませんが、「ティール経営」というのは自らのエゴが立てる計画を放棄し、宇宙の計画に明け渡す経営であり、本質的には**「宇宙の流れに乗る経営」**だと思います。

あとがき

1969年のウッドストック・フェスティバル（8月15〜17日）の大熱狂ぶりは、当時27歳だった私に大きなインパクトを与えました。カウンター・カルチャーの音楽祭でしたが、40万人もの人が集まり、いまにも社会が大きく変容するかと思わせました。

そのころから「人類の目覚め」「愛と調和の社会の到来」というメッセージはよく語られておりました。

それから50年がたち、あの熱狂はすっかり色褪せました。社会は相変わらず「オレンジ」の様相から抜け切れず、何も変わっていないようにも見えます。年配の方は、いまさら「人類の目覚め」などといわれても「またか！」という印象を持たれるかもしれません。

実際にその年月を過ごしてきたひとりとして、私は表面的には同じように見える社会の底流が、この50年で大きく変わってきたことを実感しております。4章で述べたように、「中期自我（アンバー）」の比率が圧倒的に多かった社会が、「後期自我（オレンジ）」の比率が上がり、さらには「成熟した自我（ティール）」に達した人が若者を中心にどんどん生まれています。

50年前に、直感の鋭い一部の人が予見したことが、いよいよ現実になってきたのでしょう。

F・ラルー『ティール組織』は、明らかに経営書です。50年前には、スピリチュアル系のちょっと怪しげなリーダーたちがフワフワと語っていた内容を、経営学者が語るようになってきたのです。当然語り口はしっかりしており、根拠も論理的な展開も万全です。

本書もその路線を引き継いでおります。F・ラルーの主張をさらに掘り下げ、「実存的変容」の実態を足が地についた議論として皆様にお届けしています。

直感とチャネリングをベースとしたスピ系のメッセージは、確かに世の中の動きを先取りしているのですが、そのままでは一部の熱狂的な信者にしか広まらず、社会の中に定着することは難しいでしょう。

「人類の目覚め」というメッセージが、50年の歳月を経て、ようやく足が地についた議論として提供できるようになりました。本書がそのための大きな役割を担うことを誇りに思います。

本書は、全般的にはF・ラルー『ティール組織』を下敷きにして、個人の意識の変容と組織の変容の関連をさらに追及しています。特に、個人の変容である「実存的変容」に関しては、はるかに詳しく記述したので、いま人類が直面している大きな変容の実態を、よりクリアに皆様にお伝え出来たと思います。

また、F・ラルーが本当は書きたかったけど、学者としては書けなかったと推定される「宇宙の流れに乗る生き方」（9章）を、思い切って書きました。これはしかし、学問的な本としては画期的ですが、いままでもスピ系のリーダーたちが説いてきた内容そのものであり、それになじんできた方々にはむしろ当たり前のメッセージに聞こえるでしょう。

その意味で本書は、50年前からのスピ系のメッセージと、足が地についた学問的な主張を統合する役割を担っていると思います。

本書は、個人の意識の変容の記述に大部分のページを割いているため、サブタイトルの「人類の目覚め」と、それに伴う社会の変革は8章で軽く触れるだけにとどめました。これに関しては、確かに兆しは見えてはいますが、ほとんどが推定と想像になります。

私自身も今後社会の変容を追求していく予定ですが、本書に触れた多くの方が、それぞれの推定と想像を膨らませて書いていただけると、次の社会を担う若者たちへのガイドラインとメッセージになると思います。

巻頭言をいただいた、嘉村賢州さん、武井浩三さん、由佐美加子さんをはじめとする多くの方々のご教示から気付きをいただき、それが本書に結実いたしました。心からの謝意を表します。

本書が、「愛と調和に満ちたティールの時代」への道標になり、皆様がより豊かで充実した人生を歩む一助になることを願って筆を置きます。

２０１９年10月

天外伺朗

ホワイト企業への道をともに歩む、ホワイト企業大賞の概要

ホワイト企業大賞企画委員会は、未来工業の山田昭男相談役が亡くなった2014年の秋に発足しました。当時すでにブラック企業という言葉が市民権を得て、ブラック企業大賞の表彰がメディアで取り上げられていました。そこで、「ブラック企業の対極はホワイト企業だ」とおっしゃった山田相談役の言葉を受けて「ブラック企業より、ホワイト企業を探したい。増やしたい」の想いで、天外伺朗をはじめとした専門家有志が集い、ホワイト企業を「社員の幸せと働きがい、社会への貢献を大切にしている企業」と大きく定め、〝ホワイト企業大賞〟という表彰制度をはじめとした活動を始めました。

〝ホワイト企業大賞〟には評価基準はありません。また、応募の組織形態は問いません。法人のほか、支店・支所・部署単位での応募も可能です。大賞の選考は、アルバイトやパート、派遣の方々も含めた働く方々へのアンケート調査から、組織のホワイト企業指数、〝のびのび〟〝いきいき〟〝すくすく〟の各因子の分布、組織の状態を測り、ヒアリングなどによって組織の特徴をうかがい、企画委員会で検討します。経営者と働く人たちの想いと行動で育まれた、個性豊かなホワイト企業を探し、大賞のほか、組織の特長にフォーカスしたさまざまな賞を設けています。

またホワイト企業大賞の活動は、表彰がゴールではありません。ホワイト企業大賞へのご応募は、組織の健康度や幸福度などを観るチャンスと考えていただいています。人の定期健診のように、定点観測の機会と捉えて続けて応募くださる企業さんもいらっしゃいます。また応募時のアンケート結果は、組織内での掲示をお勧めしています。掲示に際しては、対策の指示はもとよりコメントもせず、ただ貼り出すだけです。こうして現状を広く共有することだけで、指示命令では生まれにくい自発的な変容が起こり、組織の健康や生命力を養っていくと考えています。

ホワイト企業大賞への募集のほか、講演会や勉強会、注目企業・組織への訪問合宿などをとおして、ホワイト企業の在り方を共に学ぶ場づくり、ともに歩む仲間づくりをしています。シンボルマークに記した〝The White

Company Way（ホワイト企業への道）』は、「社員の幸せと働きがい、社会への貢献を大切にしている企業」の在り方を共に学び、追求していくことを示しています。道のりは長いですが、未来へと続く取り組みとして、皆様のご参加をお待ちしています。

●企画委員（2019年9月1日現在。企画委員長以下は五十音順）

天外 伺朗（委員長）　天外塾主宰　社団法人フロー・インスティテュート代表
ホロトロピック・ネットワーク代表
新井 和宏　株式会社eumo 代表取締役／ソーシャルベンチャー活動支援者会議（SVC）会長
石坂 典子　石坂産業株式会社 代表取締役社長
嘉村 賢州　東京工業大学リーダーシップ教育院 特任准教授
場づくりの専門集団NPO法人 場とつながりラボhome's vi 代表理事
小森谷 浩志　株式会社ENSOU　代表取締役
瀬戸川 礼子　Riveroffice　ジャーナリスト　中小企業診断士
武井 浩三　ダイヤモンドメディア株式会社 代表取締役／一般社団法人 自然経営研究会 代表理事
辻 秀一　スポーツドクター　株式会社エミネクロス代表
成澤 俊輔　NPO法人 FDA Future Dream Achievement 理事長
西 泰宏　西精工株式会社　代表取締役社長
西川 敬一　株式会社ブロックス　代表取締役社長
原田 隆史　株式会社原田教育研究所　代表取締役社長
藤沢 久美　シンクタンク・ソフィアバンク代表
前野 隆司　慶應義塾大学大学院　システムデザイン・マネジメント研究科委員長 教授
八木 陽一郎　ユニティガードシステム株式会社　代表取締役社長
山田 博　株式会社森へ 代表取締役
山田 裕嗣　EnFlow株式会社代表取締役／一般社団法人 自然経営研究会 代表理事
横田 英毅　ネッツトヨタ南国株式会社　取締役相談役
米澤 晋也　株式会社たくらみ屋 代表取締役／株式会社Tao and Knowledge 代表取締役／夢新聞協会理事長

●ホワイト企業大賞の活動は、以下のURLをご覧ください　http://whitecompany.jp/
●お問い合わせ先:ホワイト企業大賞企画委員会事務局　info@whitecompany.jp

第1回から5回までのホワイト企業大賞 表彰企業

第1回ホワイト企業大賞（2014年度）

■大賞
未来工業株式会社（岐阜県安八郡、山田 雅裕）
ネッツトヨタ南国株式会社（高知県高知市、前田 穰）

第2回ホワイト企業大賞（2015年度）

■大賞
石坂産業株式会社（埼玉県入間郡、石坂 典子）
医療法人ゆめはんな会 ヨリタ歯科クリニック（大阪府東大阪市、寄田 幸司）
■人間力賞
有限会社ａｉ（北海道帯広市、石岡 ひとみ）
こんのグループ（福島県福島市、紺野 道昭）
学校法人爽青会（静岡県浜松市、中野 勘次郎）
■国際かけはし賞
株式会社王宮（大阪府大阪市、橋本 正権）
■チャレンジ賞
株式会社イノブン（京都府京都市、井上 勝、井上 雄太）

第3回ホワイト企業大賞（2016年度）

■大賞
ダイヤモンドメディア株式会社（東京都港区、武井 浩三）
西精工株式会社（徳島県徳島市、西 泰宏）
株式会社日本レーザー（東京都新宿区、近藤 宣之）
■人間力経営賞
有限会社アップライジング（栃木県宇都宮市、齋藤 幸一）
■主体性育成賞
アロージャパン株式会社（兵庫県神戸市、上村 計明）
■地域密着経営賞
有限会社いっとく（広島県尾道市、山根 浩揮）
■ホワイトエコロジー賞
株式会社ecomo（エコモ）（神奈川県藤沢市、中堀 健一）
■熟慮断行賞
大月デンタルケア（埼玉県富士見市、大月 晃）
■ホリスティック経営賞
医療法人社団崇仁会 船戸クリニック（岐阜県養老郡、船戸 崇史）
■風通し経営賞
ぜんち共済株式会社（東京都千代田区、榎本 重秋）
■発酵経営賞
株式会社寺田本家（千葉県香取郡、寺田 優）
■ハイハイのように楽しく進んでいるで賞
菜の花こども園（長崎県長崎市、石木 和子）
■いきいきウーマン経営賞
有限会社ラポール（愛媛県松山市、橘 健一郎）

■推進賞

医療法人社団耕陽会 グリーンアップル歯科医院（東京都目黒区 、森田 俊介）
上州物産有限会社（群馬県前橋市、阿部 武志）
セカンドダイニンググループ（東京都中野区、早津 茂久）
株式会社武生製麺（福井県越前市、桶谷 三枝子）
株式会社テレトピア（山口県下関市、秋枝 耕一）
株式会社電巧社（東京都港区、中嶋 乃武也）
株式会社Dreams（大阪市中央区、宮平 崇）
ノアインドアステージ株式会社（兵庫県姫路市、大西 雅之）
医療法人社団白毫会やもと内科クリニック（宮城県東松島市、佐藤 和生）

第4回ホワイト企業大賞（2017年度）

■大賞

株式会社ピアズ（東京都港区、桑野 隆司）
株式会社森へ（神奈川県横浜市、山田 博）
リベラル株式会社（東京都江戸川区、本間 省三）

■健幸志向経営賞

旭テクノプラント株式会社 （岡山県倉敷市、藤森 健）

■社員、女性に優しい経営創造賞

株式会社 I-ne（大阪府大阪市、大西 洋平）

■笑顔が生まれる経営賞

株式会社カルテットコミュニケーションズ（愛知県名古屋市、堤 大輔）

■人間愛経営賞

株式会社基陽（兵庫県三木市、藤田尊子）

■明け渡し経営賞

ご縁の杜株式会社（神奈川県湯河原、深澤里奈子）

■学習する組織経営賞

有限会社たこ梅（大阪府大阪市、岡田 哲生）

■部門充実経営賞

株式会社ドコモCS ビジネスサポート部（東京都港区、森山 浩幹）

■知好楽経営賞

有限会社ノームランド高橋（群馬県利根郡、高橋 宣明）

■ワークライフ インテグレーション経営賞

株式会社ファースト・コラボレーション（高知県高知市、武樋 泰臣）

■あったか家族経営賞

株式会社プレシャスパートナーズ（東京都新宿区、高橋 誠司）

■公私充実経営賞

株式会社ポッケ（東京都渋谷区、廣瀬 周一）

■ごきげん経営賞

安井建設株式会社（愛知県江南市、安井 浩一）

■地域愛賞

株式会社弓田建設 （福島県会津若松市、弓田 八平）

■推進賞

一般財団法人旧岡田邸200年財団（北海道旭川市、髙橋 富士子）
株式会社グッドラックスリー（福岡県福岡市、井上 和久）
株式会社電巧社（東京都港区、中嶋 乃武也）
福田刃物工業株式会社（岐阜県関市、福田 克則）

ホワイト企業大賞のシンボルマーク

ホワイト企業大賞のシンボルマークは、オリーブの葉を咥えた鳩をデザインしたものです。旧約聖書のノアの箱舟のエピソードをヒントにしています。もう何日も何日も海の上を漂流して、そろそろ陸地があるのではないか？　と、ノアはカラスと鳩を飛ばします。そして何度目かに飛ばした鳩がオリーブの葉を咥えて帰ってきたという話です。この鳩はダブと呼ばれる小型の鳩で、ダブがオリーブの葉を咥えたシンボルは、平和の象徴にもなっています。これらのエピソードをもとに、ホワイト・ダブを「ホワイト企業」の象徴とし、オリーブの葉が繁るようにホワイト企業が増えていく願いを込めました。

The White Company Way

Designed by Syoumukou
(www.syoumukou.com)

第5回ホワイト企業大賞（2018年度）

■大賞
株式会社荒木組（岡山県岡山市、荒木 雷太）
坂井耳鼻咽喉科（愛知県春日井市、坂井 邦充）

■愛あるモノづくり経営賞
有限会社安琳（兵庫県三木市、藤田 尊子）

■日本型1000年家族経営賞
iYell株式会社（東京都渋谷区、窪田 光洋）

■個人を起点に進化経営賞
株式会社UZUZ（東京都新宿区、岡本 啓毅）

■キラキラ共育経営賞
昭和医療技術専門学校（東京都大田区、山藤 賢）

■生徒と社員のいきいき経営賞
新教育総合研究会株式会社（大阪府大阪市、福盛 訓之）

■人間愛経営賞
株式会社シンコーメタリコン（滋賀県湖南市、立石 豊）

■人が輝く経営賞
株式会社NATTY SWANKY（東京都新宿区、井石 裕二）

■あったかのびのび経営賞
長野県労働金庫 茅野支店（長野県茅野市、濵 文智、宮田 直樹）

■幸せ追求経営賞
株式会社ヘッズ（大阪府大阪市、暮松 邦一）

■社会復帰支援大賞
北洋建設株式会社（北海道札幌市、小澤 輝真）

■ホワイト企業パイオニア賞
株式会社電巧社（東京都港区、中嶋 乃武也）

■ホワイト企業パイオニア賞
株式会社ドコモCS ビジネスサポート部（東京都港区、森山 浩幹）

■推進賞
医療法人あいばクリニック（大阪府岸和田市、清水 智之）
小林税理士事務所（埼玉県川越市、小林 聡一）
株式会社シー・アール・エム（愛知県名古屋市、松村 祐輔）
株式会社スタジオタカノ（東京都小平市、高野 裕二）
ダイワワークス有限会社（三重県三重郡、生川 朋美）
株式会社タカヤマ（埼玉県所沢市、齊藤 吉信）
福島建機株式会社（福島県郡山市、加瀬 元三郎）
株式会社ラッシュ・インターナショナル（愛知県名古屋市、倉田 満美了）

ホワイト企業大賞は、「ホワイト企業フェロー」という、仲間づくりをしています。

ホワイト企業は、孤高を目指すものではなく、それぞれが独自の探求をしつつも、相互に情報共有し、学び高め合う仲間ではないかという趣旨から、応募いただいた皆さま方に「ホワイト企業フェロー」となっていただき、共に「ホワイト企業への道」を歩む仲間づくりをしています。

天外 伺朗（てんげ・しろう）

工学博士(東北大学)、名誉博士(エジンバラ大学)。1964年、東京工業大学電子工学科卒業後、42年間ソニーに勤務。上席常務を経て、ソニー・インテリジェンス・ダイナミクス研究所(株)所長兼社長などを歴任。現在、ホロトロピック・ネットワークを主宰、医療改革や教育改革に携わり、瞑想や断食を指導し、また「天外塾」という企業経営者のためのセミナーを開いている。著書に、『ザ・メンタルモデル』（由佐美加子・共著)、『自然経営』（武井浩三・共著)、『幸福学×経営学』（小森谷浩志・前野隆司・共著)、『人間性尊重型大家族主義経営』（西泰宏・共著）『無分別智医療の時代へ』(いずれも内外出版社）など多数。

実存的変容

発行日	2019 年 10 月 27 日　第1刷
著　者	天外 伺朗
発行者	清田 名人
発行所	株式会社 内外出版社
	〒 110-8578　東京都台東区東上野 2-1-11
	電話 03-5830-0237（編集部）
	電話 03-5830-0368（企画販売局）
印刷・製本	中央精版印刷株式会社

ISBN 978-4-86257-478-7

本当の自分を知り、痛みの分離から統合へ。
人間理解を深める名著、誕生！

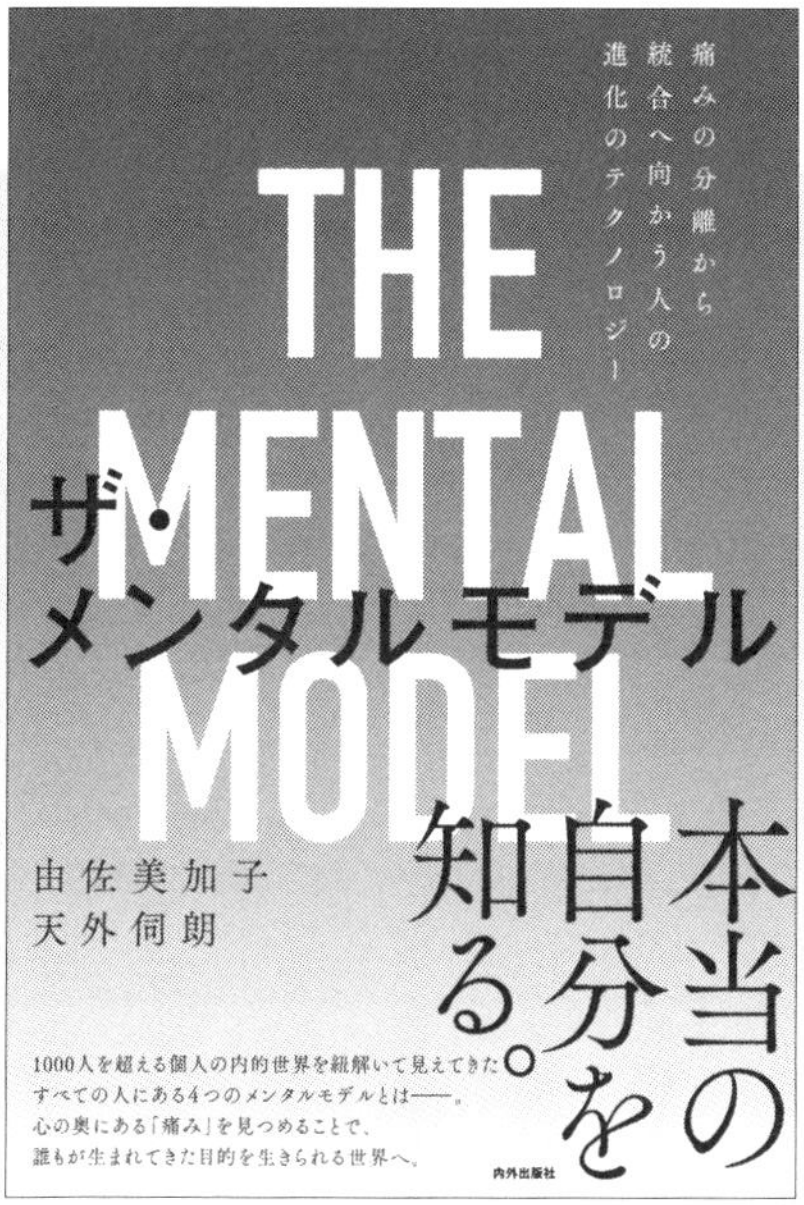

メンタルモデルとは——。

由佐美加子氏が1000人を超えるセッションを通して得られた、人間がその生き方を制御しているプログラムのこと。

メンタルモデルは4つあり、どれかひとつに誰もが当てはまる。

このメンタルモデルを理解できると、この人生であなたがどんな世界をもたらしたいのか、という願いや使命に気づき、ありのままに生き、その喜びの中で生きられる——。


あなたの人生を駆動させている無自覚な“痛み”はなんですか？

この問いからわかる、あなたのメンタルモデルは——。

A　価値なしモデル「私には価値がない」
B　愛なしモデル「私は愛されない」
C　ひとりぼっちモデル「私は所詮ひとりぼっちだ」
D　欠陥欠損モデル「私には何かが決定的に欠けている」

痛みの分離から統合へ向かう人の進化のテクノロジー
ザ・メンタルモデル
由佐美加子・天外伺朗 著
定価 1750円＋税　発行 内外出版社